Roland BARTHES

RAS LE BOL !

DU MEME AUTEUR

Une Croix sur le Christ (Roblot, 1976, épuisé)

Assez Décodé ! (Roblot, 1978)

Racine et « la nouvelle critique » : Le « Sur Racine » de Roland Barthes (Thèse de doctorat d'Etat dactylographiée, Sorbonne 1986)

Un Marchand de salades qui se prend pour un Prince. Réponse du « petit Pommier » au « grand Barbéris ». (Roblot, 1986)

RENE POMMIER

Roland BARTHES

RAS LE BOL !

1987
EDITIONS ROBLOT
142, Avenue de Paris
94300 VINCENNES

ISBN 2-85667-026-1

à Jean DUBU

Préface

Roland Barthes est encore à la mode. Bien plus, l'année 1986 a été, pour lui, une année de renouveau. Que l'on en juge, d'après quelques ouvrages parus et les articles qu'ils ont inspirés : au Seuil, *L'Aventure sémiologique*, recueil des premiers textes de l'auteur ; aux Editions de Minuit, *La littérature selon Roland Barthes*, essai de Vincent Jouve ; chez Grasset, *Roland Barthes, roman*, essai (ou roman, justement ?) de Philippe Roger ; dans *Le Monde* (daté du 4 avril 1986), *Le Point sur Roland Barthes ?*, par Michel Contat, et un texte de Roland Barthes publié en 1942 et retrouvé par Philippe Roger, *Culture et tragédie* ; dans l'*Express* (du 9 mai 1986), *La chanson de Roland*, par Angelo Rinaldi ; enfin, dans l'*Evénement du Jeudi* (du 15 mai 1986), *Barthes. Que reste-t-il de nos amours ?*, par André Clavel.

A l'exception d'Angelo Rinaldi, tous ces auteurs sont, à un degré différent, des barthésiens ou barthiens, ou encore, selon le mot forgé par René Pommier, des jobarthiens. Mais le fait curieux, c'est que la plupart d'entre eux ne saluent point, en Roland Barthes, le critique, du *Sur Racine* ou de *S/Z*, par exemple, mais, presque toujours inconsciemment, un auteur de contes ou de romans-« mauvais », s'empresserait de dire René Pommier.

Qu'a-t-il voulu écrire, Philippe Roger, sinon le roman que Roland Barthes, impuissant, n'a pas *su* écrire ? D'ailleurs le titre de cet « essai » — Angelo Rinaldi le souligne bien —, est « involontairement cruel » et révèle, ajoute, à juste titre, Michel Contat, « le projet œdipien » qui anime son auteur : se substituer à son idole pour écrire « sur lui le roman qu'il n'a pas pu[1] écrire ». André Clavel, qui parfois emprunte étrangement le vocabulaire de René Pommier (« sornette », « cuistreries »), va plus loin, puisqu'il reconnaît que les théories que Roland Barthes « a *inventées* vont sans doute vieillir ». J'ai souligné le mot *inventées,* car il dévoile ouvertement à la fois le peu de compte que les tenants de Roland Barthes font de ses théories et la contradiction que renferme la phrase d'André Clavel : d'abord, *l'aveu* que les théories n'ont pas de fondement sérieux, puisqu'*inventées* ; ensuite, si, une fois *inventées,* elles vont déjà vieillir, c'est qu'elles étaient déjà mortes ou vieilles à leur naissance ! Pour André Clavel, qui fustige, suivant le mode de René Pommier, la « meute de suiveurs » qui ont fait de Roland Barthes « une diva », c'est le « style Barthes » qui « souffle encore ». Il aime, chez Roland Barthes, tout ce qui est interdit au critique rigoureux et permis[2] à l'auteur de contes ou romans : « un certain chic, un rien de dandysme moqueur,

---

(1) Ce « pu », on le comprend, laisse planer le doute : si Roland Barthes avait vécu plus longtemps, il l'aurait peut-être écrit...
(2) Quand j'écris « permis » à un conteur ou à un romancier, je ne veux pas dire que j'apprécierais nécessairement l'œuvre de ce conteur ou de ce romancier.

X

de la coquetterie » : « la subjectivité, l'émotion, le tremble-
ment ».

La grande faille chez Roland Barthes, c'est qu'il a eu « la
prétention de faire de la critique une science autonome »
(Angelo Rinaldi) et a écrit des essais qui se voulaient
critiques, alors qu'il a utilisé la manière du conteur ou du
romancier, en laissant libre cours à son imagination et en
perdant de vue les textes, que souvent, d'ailleurs, il n'a
même pas pris la peine d'approfondir — René Pommier
cite bien des exemples. Quand on sait que Roland Barthes
aurait voulu écrire un roman « où les mots pendent comme
de beaux fruits à l'arbre indifférent du récit », tout
s'explique ! Conclusion : en adaptant l'imagination et le
style du conteur ou du romancier à la critique, Roland
Barthes n'a été ni conteur, ni romancier, ni critique, car,
dans chacun des cas, la matière lui a fait défaut.

Ce qui étonne aussi, c'est la notoriété dont jouit, même à
l'étranger, Roland Barthes. Les plus épris semblent être les
Américains (le romancier John Updike et le professeur
new-yorkais Tom Bishop) et les Italiens (Umberto Eco —
qui l'eût cru ! — et la revue *Spirali* de cet Armando
Verdiglione qui a défrayé, en juillet 1986, la chronique
judiciaire). C'est à cette notoriété usurpée que s'attaque,
depuis presque dix ans, René Pommier. Les résistances à la
démythification, et à la démystification, sont surpre-
nantes : elles nous font entrer, de plein fouet, dans le
monde de la politique et de l'édition.

Pour les critiques littéraires, à tort ou à raison, Roland
Barthes est un homme de gauche et René Pommier un
homme de droite. Personnellement, je ne prendrai pas
parti. Je me limiterai à constater que, si l'homme se révèle
par son œuvre, René Pommier n'est en rien un homme de

droite, dans la mesure où les valeurs sur lesquelles il s'est prononcé ne sont pas celles de la droite. Et si la gauche doit se trouver toujours du côté du progrès, de la science et de la raison, ainsi que je le crois, Roland Barthes n'était pas un homme de gauche. Certes, les critères pour définir la gauche et la droite ne sont pas aisés, et — en cela je serais barthésien ou barthien ou jobarthien, comme vous voulez — ils ne sont pas toujours objectifs.

Quoi qu'il en soit, pour les médias, Roland Barthes est de gauche et René Pommier de droite. Alors, que constate-t-on ? Tout simplement, que les organes de gauche, malgré l'évidence, continuent de défendre les théories de Roland Barthes (même s'il y a un recul de leur *foi* et une attitude *critique* qui apparaît dans le jugement des barthésiens eux-mêmes [1]) et ceux de droite soutiennent les thèses de René Pommier. Le clivage se fait d'après les *a priori* sur les hommes et non pas d'après le débat sur les idées. La mauvaise foi et la sclérose se manifestent ici et là. Tous les arguments paraissent bons à chacun pour étayer son parti pris.

Aussi, quand l'un de nos auteurs est contesté, ses adversaires nous accusent-ils de le publier à compte d'auteur — il ne mérite donc pas, dans leur esprit, d'être édité, et l'éditeur, suggèrent-ils, n'en est pas un vrai. Lorsque ces affirmations émanent de professeurs d'université ou de journalistes, cela nous attriste, car elles montrent à quel niveau, non seulement moral, mais scientifique, se situe, pour certains de nos adversaires, le débat. Peu importe, alors, que Roblot ne publie pas à compte

---

(1) Chez André Clavel, comme nous l'avons vu, et chez John Updike, qui trouve *S/Z* « quasiment illisible ».

d'auteur, même si, soulignons-le en passant, ce procédé peut se révéler fort efficace pour les écrivains débutants, comme ont pu le démontrer les cas de Proust et Gide.

L'essentiel n'est pas là. L'essentiel, c'est que de petits éditeurs publient des ouvrages que les «grands» éditeurs refusent. Si ces éditeurs, auxquels René Pommier a proposé, avec notre autorisation, sa thèse, avaient joué leur véritable rôle d'éditeur, qui n'est pas seulement de gagner du fric, mais d'élargir le débat intellectuel par la confrontation des idées, même violentes, nous n'aurions rien à publier et n'existerions pas. René Pommier m'a dit : «Les éditeurs universitaires ont trouvé que mon travail n'était pas assez universitaire parce qu'il attaquait trop d'universitaires, et les éditeurs non universitaires ont trouvé qu'il était trop universitaire parce que mon argumentation était trop serrée et mes démonstrations trop exhaustives, ce qui, selon eux, ne manquerait pas de fatiguer leur clientèle dont ils se font apparemment une assez médiocre idée.» Mais, pour les petits éditeurs, la publication d'une thèse comme celle de Pommier est un «gros morceau». Ils se résignent alors à en publier un «digest» (ce que nous avons fait), et c'est regrettable, mais plus respectable que de ne rien publier.

Enfin, certains, qui connaissent mal René Pommier, insinuent qu'il s'en prend aujourd'hui d'une façon si cruelle à Roland Barthes parce que celui-ci est mort. C'est oublier la préface d'*Assez Décodé !*, dont nous ne pouvons pas nous empêcher de citer ce passage : « ... dans l'art d'ébahir les jobards par un mélange habile de sabir et de fariboles, incontestablement le maître est Roland Barthes. Qu'un esprit aussi confus puisse, aux yeux de beaucoup, incarner la lucidité, qu'un esprit aussi fumeux soit regardé comme l'un des Phares de notre temps, que l'avant-garde ait choisi pour chef de file un esprit aussi fuyant, rien n'illustre mieux la crise actuelle de l'esprit critique. Nul, en effet, n'a contribué plus que lui à faire avancer du même pas le galimatias et la divagation, à faire passer les pires élucubrations pour des "lectures" très subtiles, à rapprocher l'activité du critique de celle de la pythonisse, en réduisant les textes à n'être plus que des sortes de boules de cristal et de marc à café où l'on peut voir tout ce qu'on veut ».

Guy NANIA

I

Lettre ouverte aux jobarthiens

Roland Barthes est mort [1]. Je le sais, et je le regrette. Non que sa mort m'ait réellement attristé. Soyons franc ! La fréquence de ce phénomène, assurément déplorable, est telle que l'on ne peut vraiment s'attrister que de la mort des gens que l'on connaît ou que l'on admire. Je ne connaissais Roland Barthes que par ses écrits dont je ne fais aucun cas. Mais, ayant commencé à écrire ce livre alors qu'il était encore en vie et que rien ne laissait prévoir sa fin prochaine, je comptais bien qu'il le lirait. J'espérais surtout qu'il répondrait, et j'attendais beaucoup de sa réponse. Car la logique nous l'apprend et l'expérience le confirme [2], il n'y a qu'une façon de défendre des sornettes, c'est d'en dire de nouvelles, et, souvent, de plus sottes encore. Les mieux doués euxmêmes en viennent ainsi à se surpasser.

On l'aura déjà compris, je n'ai pas cru, parce que Roland Barthes était mort, devoir modifier en quoi que ce soit ce que

---

1. Cette « lettre ouverte aux jobarthiens » reprend l'Avant-propos de ma thèse dactylographiée.
2. Ainsi, lorsque Roland Barthes, dans *Critique et vérité*, a voulu défendre son *Sur Racine* contre les attaques de Raymond Picard (*Nouvelle Critique ou nouvelle imposture*), il a réussi — nous en parlerons tout à l'heure — à écrire son livre le plus comique avant le *Roland Barthes par Roland Barthes*.

1

j'avais à dire. Je n'ignore pas que certains ne manqueront pas de s'en indigner, les uns très sincèrement, les autres moins, et qu'on me reprochera, suivant la formule consacrée, de « cracher sur une tombe ». On peut, certes, estimer souhaitable qu'à la mort d'un auteur, les polémiques suscitées par son œuvre s'apaisent un moment et que ses censeurs veuillent bien, pour un temps, laisser la parole à ses seuls admirateurs. On ne saurait pourtant leur demander de le faire toujours. Car il faut bien que la critique puisse, sans trop tarder, reprendre tous ses droits, c'est-à-dire qu'elle puisse de nouveau juger les œuvres avec une liberté aussi entière que si l'auteur était encore vivant. S'il est fâcheux que Roland Barthes ne puisse plus défendre lui-même ses écrits, de toute façon c'est là une situation dans laquelle tous les écrivains finissent par se trouver un jour, et pour toujours [3]. Le « de mortuis nihil nisi bonum » ne saurait être invoqué que pour ceux qui meurent tout entiers. Quiconque laisse une œuvre derrière lui consent, de ce fait, à se laisser juger par la postérité. S'il peut espérer être admiré, voire être aimé, longtemps encore après sa mort, il s'expose, en même temps, à être parfois critiqué, fût-ce très sévèrement. C'est la rançon de la survie. L'ombre de l'auteur du *Roland Barthes par Roland Barthes*, dans la collection « Écrivains de toujours », serait particulièrement mal placée pour s'en offusquer.

Je me sens d'autant plus le droit de m'exprimer très librement sur Roland Barthes, j'entends Roland Barthes en tant qu'auteur [4], même après sa mort, qu'on ne saurait m'accuser d'avoir attendu qu'il fût mort pour le faire. Je crois avoir largement prouvé, avec *Assez décodé !*, que je ne craignais aucunement de critiquer, aussi vivement qu'ils me pa-

---

3. Si Roland Barthes n'est plus là pour défendre son *Sur Racine*, il y aura bientôt trois siècles que Racine n'est plus là pour défendre ses tragédies contre l'incompréhension de certains critiques. Et l'on peut penser qu'il aurait eu souvent des choses à dire, surtout depuis une trentaine d'années, et particulièrement sur le *Sur Racine*.

4. Je veux bien croire, comme l'affirment ses amis, que l'homme Roland Barthes avait de grandes qualités. Je juge des livres et non une vie, ou, du moins, je ne juge cette vie que dans la mesure où elle a été employée, bien mal à mon sens, à écrire ces livres.

2

raissaient mériter de l'être, les écrits de gens qui, à l'exception de Charles Mauron, étaient tous vivants. De plus, dans la Préface [5] de ce livre, j'avais tenu à dire, sans le moindre ménagement, ce que je pensais des travaux de celui qui était alors le titulaire de la chaire de sémiologie littéraire au Collège de France. Certains s'en sont, d'ailleurs, étonnés et y ont vu une provocation passablement gratuite à l'égard de Roland Barthes qui, dans le corps du livre, n'était jamais vraiment attaqué de front, mais seulement égratigné quelquefois au passage. Mais d'autres ont bien compris que, me réservant de lancer, dans un prochain livre, une attaque en règle contre l'auteur du *Sur Racine*, je ne voulais pas qu'on pût prétendre, en attendant, que je n'osais m'en prendre qu'aux sous-fifres de la « nouvelle critique » et que je me gardais bien de me gausser du général. C'est pourquoi, avant de donner leur raclée aux écoliers : Michel Picard, Philippe Lejeune, Pierre Caminade, Robert Georgin, Anne Ubersfeld, Josette Rey-Debove, Jacques-Henri Périvier, Roger Planchon, j'ai voulu tirer un bon coup la barbe du grand barbacole : Roland Barthes.

Je me félicite, aujourd'hui, de l'avoir fait. Personne, même parmi les admirateurs les plus fervents de Roland Barthes, ne pourra ainsi me reprocher d'avoir employé, pour qualifier ses propos, des mots que je n'aurais jamais osé employer, s'il avait été encore en vie. Car ces mots, tels que *sottise, sornette, élucubration, absurdité, baliverne* ou *faribole,* je les avais déjà utilisés à son sujet dans *Assez décodé !* Bien sûr, ce qu'on ne manquera pas de me reprocher, en revanche, et pas seulement parmi les admirateurs de Roland Barthes, c'est d'avoir employé une nouvelle fois un vocabulaire que je n'aurais jamais dû employer. Il paraît que cela ne se fait pas. Je crois, pourtant, avoir pour le faire les meilleures raisons du monde. Qu'on veuille bien, au moins, les entendre.

Tout d'abord, si j'emploie ces mots qui sont, j'en conviens,

5. Voir p. 9-10 et 14-15.

3

très discourtois, ce n'est pas moi qui les ai inventés. Ils existaient depuis longtemps déjà dans la langue française. S'ils existaient, c'est qu'ils répondaient assurément à un besoin. Ce besoin, c'est précisément celui que j'éprouve lorsque je les emploie. Ce n'est pas la peine que des mots existent, si l'on doit soigneusement s'abstenir de s'en servir chaque fois que l'on en a vraiment besoin. Et comment n'éprouverais-je pas le besoin impérieux de m'en servir lorsque Roland Barthes écrit, par exemple, que le songe d'Athalie représente, chez Racine, l'état le plus explicite du fantasme érotique, ou que Junie, en se réfugiant chez les Vestales pour échapper à Néron, commet ainsi un acte d'agression sadique [6] ? Le *Sur Racine* est rempli de ces affirmations ridicules. Si l'on n'a pas le droit de les appeler par leur nom, alors il n'y a plus qu'à abolir le mot *faribole* et tous les mots de même farine. Épurons la langue, révisons les dictionnaires et rayons définitivement de notre vocabulaire tous ces mots désobligeants : *ânerie, absurdité, baliverne, calembredaine, foutaise, ineptie, insanité, sornette, sottise* ou *stupidité.* Mais ce serait bien dommage, et, pour ma part, je regretterais tout particulièrement ce mot de *faribole,* qui sonne agréablement, qui, par un heureux hasard, se marie si bien avec le nom de Roland Barthes, et qui surtout convient si parfaitement aux âneries inénarrables dont il nourrit ses écrits et dont raffolent les jobards.

D'ailleurs, en épurant ainsi la langue, on ferait justement ce que Roland Barthes reproche à « l'ancienne critique » de vouloir faire. « On connaît, écrit-il dans *Critique et vérité,* toutes les mutilations que les institutions classiques ont fait subir à notre langue. Le plus curieux, c'est que les Français s'enorgueillissent inlassablement d'avoir eu leur Racine (l'homme aux deux mille mots) et ne se plaignent jamais de n'avoir pas eu leur Shakespeare. Ils se battent encore aujourd'hui avec une passion ridicule pour leur « langue

6. Voir *S.R.,* p. 29 et 39. Mais nous y reviendrons à loisir.

4

française » : chroniques oraculaires, fulminations contre les invasions étrangères, condamnations à mort de certains mots réputés indésirables. Il faut sans cesse nettoyer, cureter, interdire, éliminer, préserver. En pastichant la manière toute médicale dont l'ancienne critique juge les langages qui ne lui plaisent pas (les qualifiant de « pathologiques »), on dira qu'il y a là une sorte de maladie nationale, que l'on appellera *ablutionisme du langage* » [7]. Pourtant, quand au début de *Critique et vérité*, Roland Barthes se plaint longuement des attaques dont il a été l'objet de la part de Raymond Picard et de ses partisans, quand il énumère, dans une longue note, toutes les expressions peu flatteuses que Raymond Picard a utilisées [8], on a bien le sentiment qu'il rayerait volontiers des

7. *Critique et vérité*, p. 29. Signalons, en passant, la mauvaise foi de Roland Barthes, lorsqu'il affecte de croire que Raymond Picard lui a reproché son « jargon » (Voir *Critique et vérité*, p. 30-35). Ce n'est pas son « jargon » en lui-même que Raymond Picard a critiqué, mais l'usage que Roland Barthes en a fait. Raymond Picard avait pourtant été très clair : « Je ne suis pas de ceux qui reprocheront à un critique son jargon parce que c'est un jargon. Malgré les apparences que dépassent bien vite les apprentis philosophes, Descartes et Pascal, qui emploient le langage de tout le monde, sont beaucoup plus difficiles à suivre et à comprendre que Kant, qui a créé un jargon [...] Les néologismes de la science et de la philosophie ont été créés en principe pour remédier au vague et à l'inadéquation de la langue courante : leur but est d'éviter l'ambiguïté et de serrer la signification de plus près. Le jargon de M. Barthes a de tout autres effets : sa fonction, ingénue peut-être, mais effective, est — on a pu le voir dix fois déjà — de donner un prestige « scientifique » à des absurdités, de maquiller avantageusement des lieux communs, de dissimuler (assez mal) l'indécision de la pensée » (*Nouvelle Critique ou nouvelle imposture*, p.50-52).
8. *Critique et vérité*, p. 16, note 1 : « Voici les expressions appliquées par R. Picard à la nouvelle critique : « imposture », « le hasardeux et le saugrenu » (p. 11), « pédantesquement » (p. 39), « extrapolation aberrante » (p. 40), « façon intempérante, propositions inexactes, contestables ou saugrenues » (p. 47), « caractère pathologique de ce langage » (p. 50), « absurdités » (p. 52), « escroqueries intellectuelles » (p. 54), « livre qui aurait de quoi révolter » (p. 57), « excès d'inconsistance satisfaite », « répertoire de paralogismes » (p. 59), « affirmations forcenées » (p.71), « lignes effarantes » (p. 73), « extravagante doctrine » (p. 73), « intelligibilité dérisoire et creuse » (p. 75), « résultats arbitraires, inconsistants, absurdes » (p. 92), « absurdités et bizarreries » (p. 146), « jobardise » (p. 147). J'allais ajouter : « laborieusement inexact », « bévues », « suffisance qui prête à sourire », « chinoiseries de forme », « subtilités de mandarin déliquescent » etc., mais ceci n'est pas de R. Picard, c'est dans Sainte-Beuve pastiché par Proust et dans le discours de M. de Norpois « exécutant » Bergotte... ».
Cette note méritait d'être citée. Car le procédé de Roland Barthes, très curieux au premier abord, est aussi très révélateur. Il est assez inhabituel, en effet, d'énumérer longuement, en essayant de ne pas en oublier, les appréciations peu flatteuses qu'on a pu nous décerner. D'ordinaire, on ne les cite que pour les réfuter, une à une, et, si possible, les renvoyer à l'expéditeur. Mais Roland Barthes est manifestement convaincu qu'on ne saurait raisonnablement éprouver pour lui qu'une admiration sans bornes. Aussi est-il

dictionnaires tous les termes péjoratifs qu'on a pu ou qu'on pourrait lui appliquer.

Qu'on le veuille ou non, pour dire vraiment la même chose, il n'y a pas d'autres mots que ceux que j'ai cités tout à l'heure, et quelques autres du même genre. Que cela plaise ou non, il n'y a pas de façon polie de dire qu'une sottise est une sottise [9]. On peut, bien sûr, ne pas le dire, mais seulement le laisser entendre à ceux qui voudront bien l'entendre, et renoncer, une fois pour toutes, à employer le mot propre pour cultiver systématiquement la litote. On le peut, et d'ailleurs, on le fait beaucoup [10]. Il est très rare que l'on dise clairement tout le mal qu'on pense d'un ouvrage [11].

persuadé que le meilleur moyen de soulever contre Raymond Picard, l'indignation de ses lecteurs, c'est de détailler les outrages qu'il a subis, c'est de leur dire : « Voyez comme il me traite ! »

La mobilisation forcée de Proust n'est pas moins révélatrice. Ce n'est d'ailleurs pas la seule fois que Roland Barthes se sert de Proust, sans son autorisation bien sûr, pour essayer de se défendre. On en trouve, deux pages plus loin (voir *Critique et vérité*, p. 18, note 1), un autre exemple, encore plus abusif. Bien que leurs œuvres soient fort dissemblables, Roland Barthes affecte de se situer dans la lignée de Proust. Peu s'en faut même qu'il ne se considère comme le Proust de notre temps. Au début du *Roland Barthes par Roland Barthes*, on trouve une photo du bébé Barthes en barboteuse, accompagnée de la légende suivante : « Je commençais à marcher, Proust vivait encore, et terminait la *Recherche* » (p. 26-27). Il n'est pas nécessaire d'être un expert en sémiologie pour décoder le message : « Proust s'en va, mais Roland Barthes arrive ; la succession est assurée ». Mais, pour revenir à la note que nous avons citée, les expressions dépréciatives que Roland Barthes emprunte à Proust, seraient, à mon sens, beaucoup trop indulgentes, si l'on devait les appliquer au *Sur Racine*. Ce que j'y trouve, pour ma part, ce n'est pas des « subtilités de mandarin déliquescent », mais de bonnes absurdités, de franches stupidités et, pout tout dire, des âneries ridicules. Et, quant à la façon dont Roland Barthes essaie d'annexer Proust, elle ne relève pas d'une « suffisance qui fait sourire », mais bien de la plus grotesque outrecuidance.

9. Plusieurs amis m'ont suggéré de remplacer *sottise* par *paradoxe*. Mais Roland Barthes, qui déclare si souvent que sa cible favorite est l'opinion commune, la « doxa », entend bien nous proposer des paradoxes (voir, par exemple, le fragment « doxa/paradoxa » dans le *Roland Barthes par Roland Barthes*, p. 75). Et, quant à moi, ce que je reproche à ses paradoxes, ce n'est pas du tout d'être des paradoxes, mais d'être des sottises. Car, si la sottise est certainement le moyen le plus court et le plus commode pour arriver au paradoxe, il s'en faut bien que tous les paradoxes soient des sottises, ni surtout, hélas ! que toutes les sottises soient des paradoxes.

10. Je parle ici de la critique universitaire ou para-universitaire. Mais il se pourrait que ce soit vrai, à un moindre degré, de l'ensemble de la critique.

11. Parmi ceux qui l'on fait, je citerai seulement, pour rester dans la critique racinienne et pour saluer sa mémoire qui m'est chère, Jean Pommier et le long article qu'il a consacré au livre de M. René Jasinski *Vers le vrai Racine* (« Un nouveau Racine », *R.H.L.F.*, octobre-décembre 1960, page 500-530) et, bien entendu, Raymond Picard et son livre *Nouvelle Critique ou nouvelle imposture*.

L'usage est, au contraire, de n'exprimer les critiques les plus graves qu'en des termes si mesurés qu'elles puissent, avec un peu de bonne volonté, passer pour des compliments. D'un livre, dont on pense qu'il ne vaut absolument rien, on ne dira pas qu'il aurait beaucoup mieux valu ne pas l'écrire ; on l'estimera, au contraire, intéressant et utile, sinon par les réponses qu'il apporte, du moins par les questions qu'il pose. Les articles ou les livres les plus stupides sont quand même jugés stimulants. Quant à l'intelligence de l'auteur, quelques sottises qu'il écrive, elle n'est, bien sûre, jamais en cause.

C'est, paraît-il, une vieille tradition de courtoisie universitaire. Mais je crains que l'hypocrisie n'y entre aussi pour une large part. Dans toutes les carrières, on a intérêt à avoir le moins d'ennemis et le plus d'amis possible, mais particulièment dans la carrière universitaire, dont les procédures d'avancement sont fondées sur la cooptation. Au moins autant que la courtoisie, c'est là, sans doute, ce qui explique pourquoi les critiques sont généralement aussi feutrées que les éloges sont outrés [12]. Le comportement de certains universitaires rappelle parfois celui du courtisan « qui secrètement veut sa fortune », tel que le dépeint La Bruyère : « pensant mal de tout le monde, il n'en dit de personne ; ne voulant de bien qu'à lui seul, il veut persuader qu'il en veut à tous, afin que tous lui en fassent, ou que nul du moins lui soit contraire. Non content de n'être pas sincère, il ne souffre pas que personne le soit ; la vérité blesse son oreille » [13].

Quoi qu'il en soit de ses raisons réelles (courtoisie ou

12. Il est rare qu'un article ou un livre publié par un universitaire un peu en vue ne soit pas qualifié d'« excellent » ou de « remarquable », fût-il tout à fait insignifiant. Que de thèses dont on croit ne pas pouvoir se dispenser de dire qu'elles sont indispensables, alors qu'on se dispense soi-même aisément de les lire, en les feuilletant seulement ! Quand l'universitaire en vue est, de surcroît, un m'as-tu-vu, humant avec volupté le fumet des compliments, alors on force encore la dose. Ainsi les plus encensés sont moins ceux qui méritent le plus de l'être que ceux qui aiment le plus à l'être. Tel dénicheur d'opuscules qui dorment dans la poussière depuis trois siècles, non par suite d'un injuste oubli, mais par un juste retour des choses (leur seule vertu est dormitive), si on le sait très sensible aux fleurs qu'on lui envoie, et, plus encore, à celles qu'on ne lui envoie pas, on ne le lira guère, mais on ne manquera pas de se pâmer d'admiration devant son « érudition étourdissante ».

13. *Les Caractères*, VIII, 62, p. 241.

hypocrisie, bienveillance ou intérêt), cette culture intensive de la litote me paraît avoir de très regrettables effets. Il n'est sans doute ni possible ni nécessaire de toujours dire tout ce qu'on pense ; mais il serait hautement souhaitable d'introduire dans le débat critique un peu plus de clarté et de logique [14]. Si l'on avait, au moins dans les cas les plus

14. Ceux-là mêmes qui font preuve de lucidité et de courage, en formulant de sévères critiques à l'égard de travaux dont le succès n'a d'égal que l'ineptie, se croient obligés d'introduire, au début ou à la fin de leur étude, des compliments destinés à compenser leur sévérité. Mais ces compliments apparaissent alors tout à fait formels, voire franchement absurdes, tant ils sont en désaccord avec tout ce qui suit ou tout ce qui précède. Si l'on voulait résumer en quelques mots clairs certains comptes rendus, on pourrait le faire en deux phrases : « Le livre de M. Untel est certainement très intéressant et très intelligent. Qu'il est dommage qu'il ne contienne que des sottises ! »
Il serait facile de multiplier les exemples, mais je n'en citerai qu'un, celui de l'article qu'Albert Béguin a consacré au livre de Lucien Goldmann, *Le Dieu caché*. Cet article, intitulé " Note conjointe sur M. Goldmann et la méthode « globale » " (*Esprit,* décembre 1956, p. 874 sq.), fait suite à un article de M. Jean Conilh, consacré au même livre, « Pascal, pour disposer au marxisme » (*Ibidem*, p. 855 sq.). L'article d'Albert Béguin commence ainsi : « L'ouvrage passionné, passionnant, de Lucien Goldmann appelait une critique également passionnée. C'est à quoi a pourvu Jean Conilh, opposant à un robuste tempérament un tempérament au moins aussi vif, et allant au cœur du sujet tel que l'a défini l'intelligence pénétrante de Goldmann » (p. 874). A la suite de quoi, il formule contre le livre les objections les plus graves, déplore chez son auteur « une stupéfiante désinvolture envers les problèmes premiers et les moyens de les résoudre » (877), et finit par conclure : « Les conséquences de cette légèreté d'esprit se retrouvent à chaque pas dans un ouvrage qui n'a pas beaucoup plus que les apparences du sérieux » (p. 878). Je souscris, bien sûr, à cette conclusion qui pourrait être encore plus radicale : il n'y a absolument rien de plus, dans *Le Dieu caché*, que les apparences du sérieux. Pour être un tant soit peu sérieux, il ne suffit pas d'être assommant, dogmatique et totalement dépourvu d'humour. En revanche, j'aimerais bien comprendre comment Albert Béguin peut trouver « passionnant » un « ouvrage qui n'a pas beaucoup plus que les apparences du sérieux », comment il peut louer « l'intelligence pénétrante » d'un auteur dont la « légèreté d'esprit » se manifeste « à chaque pas ». Quant au « robuste tempérament » de Lucien Goldmann, c'est celui d'un Thomas Diafoirus. Comme lui, il est « fort comme un Turc sur ses principes » ; comme lui, il « ne démord jamais de son opinion », qu'il soutient « à outrance », même quand elle est totalement arbitraire, voire franchement absurde.
Plutôt que d'attribuer en général à un livre des qualités qu'on lui dénie dans le détail, on peut dissocier l'auteur et le livre, et, après avoir souligné les défauts de celui-ci (ou avant de le faire), rendre hommage aux qualités de celui-là. Ce second procédé a sur le premier l'avantage qu'on évite ainsi d'être pris en flagrant délit de contradiction. Car, même si on se garde bien de le lui dire, le lecteur peut toujours supposer qu'on a trouvé dans d'autres livres du même auteur les qualités qu'on se croit obligé de lui reconnaître. Il n'en reste pas moins vrai que ce distinguo est généralement tout à fait gratuit et donc parfaitement hypocrite. Là encore, je ne citerai qu'un seul exemple parmi beaucoup d'autres, celui de l'article de M. Jean Molino « Sur la méthode de Roland Barthes » (*La Linguistique,* 1969, n° 2, p. 141 sq.). Une analyse serrée des trois premières pages du *Sur Racine* (p. 15-17) conduit M. Molino à formuler des jugements très sévères. Tout au long de son article, il met fort bien le doigt sur « l'ambiguïté essentielle de la démarche critique de Barthes » (p. 144), les à-peu-près, les glissements perpétuels, les continuels changements de point de vue,

8

criants, osé appeler les choses par leur nom, on n'aurait peut-être pas assisté depuis une trentaine d'années, à une telle prolifération de fariboles. Le public, en tout cas, aurait été mis en garde, et aurait peut-être accordé moins de crédit à de ridicules sottises.

On s'est tellement habitué à lire, sous les plumes qui pourtant devraient être les plus sérieuses, les absurdités les plus ahurissantes qu'on ne s'étonne plus de rien. On trouve tout à fait normal que des professeurs d'Université publient, dans des revues savantes, en guise de travaux « scientifiques », des âneries rocambolesques qu'on prendrait volontiers pour des plaisanteries de potaches de troisième, si la cuistrerie du style n'était là pour nous rappeler qu'on a affaire à des spécialistes. Ces gens-là font partie de jurys d'examens, de concours ou de thèses, ainsi que des commissions de recrutement. Ils passent donc une partie de leur

bref, le flottement constant d'une pensée si indécise qu'elle en est presque insaisissable. Mais, si je sais le plus grand gré à M. Molino de faire ainsi preuve d'une fermeté de jugement qui hélas ! fait cruellement défaut à tant d'autres, je m'étonne et je regrette qu'il se croie obligé de dire, à la fin de son article, que « l'intelligence et le talent de Barthes ne sont pas en cause » (p. 154). Il aurait pu se contenter de s'abstenir de dire explicitement qu'ils étaient en cause, puisque tout son article le disait implicitement. Mais pourquoi dire le contraire ? Est-ce parce qu'il n'a examiné que trois pages du *Sur Racine* que M. Molino s'interdit de mettre en cause l'intelligence et le talent de Roland Barthes ? Pourtant il a trouvé dans ces trois pages de si grands défauts de méthode et de raisonnement que, même s'il n'avait jamais lu d'autres pages de Roland Barthes, il pourrait déjà, sinon porter un jugement général et définitif, du moins s'interroger sur l'intelligence et le talent de leur auteur. Mais, en réalité, M. Molino a lu tout le *Sur Racine* et il a lu, sans doute, tous les autres livres de Roland Barthes. Il sait fort bien qu'il aurait pu faire le même genre de démonstration en prenant n'importe quelle autre page du *Sur Racine*, voire n'importe quelle autre page de Roland Barthes. Et c'est même pour cela qu'il a cru nécessaire de se livrer à une telle démonstration. C'est en vain qu'il déclare prudemment, au début de son article, qu'« il ne s'agit donc pas de porter un jugement général *sur la méthode* de Barthes » (p. 151). Outre qu'on se demande alors pourquoi il a intitulé son article « Sur la méthode de Roland Barthes », il apparaît clairement, tout au long de son étude, qu'il a voulu dénoncer des défauts qui ne sont pas propres à ces trois pages, qui n'ont rien d'accidentel, mais qui sont, au contraire, les défauts habituels de Roland Barthes. Ainsi, dans sa conclusion, après avoir rappelé qu'il faut qu'une « structure soit définie, cohérente et rende compte des objets qu'elle prétend structurer », M. Molino déclare : « nous pensons l'avoir montré sur un échantillon, les structures de Barthes ne possèdent aucune de ces propriétés » (p. 153). Voilà qui semble tout à fait net : M. Molino a travaillé sur un « échantillon ». Les trois pages qu'il a passées au crible, ont donc bien pour lui une valeur exemplaire. Il a beau s'en défendre, il a donc bien mis en cause l'intelligence et le talent de Roland Barthes. Mais pourquoi s'en défend-il ? Roland Barthes serait-il une vache sacrée ?

temps à juger des candidats dont on peut penser, dont on veut espérer, qu'ils ont, pour la plupart, un peu plus de jugement qu'eux. Il n'est, certes, ni possible, ni souhaitable de leur ôter leurs fonctions et leurs prérogatives sous prétexte qu'ils ont écrit des stupidités. Mais qu'ils courent du moins le risque de s'entendre dire ce qu'ils méritent de s'entendre dire. Certains s'indignent quand on dit qu'une sottise est une sottise ; ils lèvent les bras au ciel ; peu s'en faut qu'ils ne se signent [15] ! Mais ceux qui s'indignent le plus quand on appelle les choses par leur nom, sont généralement ceux-là mêmes qui ont le plus contribué à faire que cela devienne tout à fait nécessaire. Par manque de jugement ou de caractère, ils se sont tus devant les pires stupidités, quand ils n'ont pas trouvé « intéressantes », « excitantes pour l'esprit », des sottises qui auraient dû les révolter. Le devoir d'un intellectuel est d'abord d'éviter de dire lui-même des sottises (il est consternant qu'il soit devenu nécessaire de le rappeler) ; il est aussi de ne pas se taire, lorsque les autres en disent. A ceux qui se scandalisent de ma liberté de langage, je réponds que leur flaccidité m'écœure [16].

Mais, outre ces raisons d'ordre général, s'agissant de Roland Barthes et du *Sur Racine*, j'ai d'autres raisons plus particulières, de m'exprimer sans ménagement. La première tient au ton qu'adopte Roland Barthes lui-même dans ses écrits et notamment dans le *Sur Racine*. C'est à ceux qui disent des sottises, plutôt qu'à ceux qui les dénoncent, qu'il faudrait d'abord conseiller d'employer la litote. Car les tenants de la « nouvelle critique » ne me semblent guère portés à la pratiquer et Roland Barthes moins que personne. Ses amis affirment que Roland Barthes était un homme discret, modeste et réservé. Il se peut, mais l'auteur Roland

---

15. Je pense ici, en particulier, à un ridicule numéro d'indignation vertueuse que m'a valu la publication d'*Assez décodé !*

16. Certains qui témoignent beaucoup d'indulgence à l'égard de la « nouvelle critique » et qui s'offusquent de mon « sectarisme », croient bien prouver par là leur ouverture d'esprit, quand ils sont seulement incapables de raisonner. Tel se flatte d'être allergique à la polémique, qui l'est à la logique.

10

Barthes est, en ce cas, tout l'opposé de l'homme Roland Barthes. A-t-on jamais vu un m'as-tu-vu plus vaniteux et plus imbu de lui que l'auteur du *Roland Barthes par Roland Barthes* ? Il reconnaît d'ailleurs lui-même le ton dogmatique et arrogant de ce livre, lorsqu'il écrit dans l'avant-dernier fragment, intitulé « La maxime » : « Il rôde dans ce livre un ton d'aphorisme (*nous, on, toujours*) [....] c'est la plus arrogante (souvent la plus bête) des formes de langage » [17]. Mais ce ton est celui de tous les écrits de Roland Barthes. L'aphorisme est chez lui la forme habituelle de la faribole. Quoi qu'il dise, même et surtout quand il s'agit des âneries les plus rocambolesques, on dirait toujours qu'il rend des oracles.

Dans la dernière partie du *Sur Racine*, « Histoire et littérature », tout à la fin du livre (à l'avant-dernière page), Roland Barthes nous invite à « reconnaître notre impuissance à *dire vrai* sur Racine » [18]. Mais, si le lecteur n'a pas déjà oublié tout ce qu'il vient de lire, il se demande alors pourquoi, tout au long du livre, Roland Barthes n'a pas cessé de lui présenter ses élucubrations comme des vérités absolues et définitives, pourquoi il n'a pas cessé de lui asséner des formules abruptes, des propos catégoriques et des définitions tranchantes, pourquoi enfin, à chaque page ou presque, il a prétendu l'introduire « au cœur » de la tragédie racinienne et lui en livrer « l'essence » ou « la clef » [19].

17. *Roland Barthes par Roland Barthes*, p. 181. Ce n'est pas la seule fois que, dans ce livre, Roland Barthes passe aux aveux. On peut se demander pourquoi. J'y reviendrai plus loin, en citant d'autres exemples encore plus étonnants.

18. *Sur Racine*, p. 166.

19. On ne saurait citer toutes les formules définitives que contient le *Sur Racine* et j'aurai, d'ailleurs, l'occasion d'en discuter longuement quelques-unes. Je me contenterai donc d'en relever quelques spécimens, dans la première partie de « L'Homme racinien » : « Cette histoire [la fable, chère à Freud, de la horde primitive], même si elle n'est qu'un roman, c'est tout le théâtre de Racine » (p. 20) ; « L'inceste, la rivalité des frères, le meurtre du père, la subversion des fils, voilà les actions fondamentales du théâtre racinien » (p. 21) ; « le théâtre racinien ne trouve sa cohérence qu'au niveau de cette fable ancienne » (*Ibid.*) ; « il n'y a pas de *caractères* dans le théâtre racinien [...], il n'y a que des situations, au sens presque formel du terme : tout tire son être de sa place dans la constellation des forces et des faiblesses » (p. 24-25) ; « ce ne sont pas les sexes qui font le conflit, c'est le conflit qui définit les sexes » (p. 26) ; « L'Eros racinien ne s'exprime jamais qu'à travers le récit.

Non seulement Roland Barthes n'a rien fait pour essayer de masquer le dogmatisme du *Sur Racine*, mais il semble avoir accumulé, comme à plaisir, les mots, les expressions et les tournures les plus propres à le faire ressortir. Il n'y a presque pas de phrases où l'on ne puisse en relever un ou plusieurs [20]. D'innombrables phrases commencent par « il y a » [21] ou « il n'y a pas », par « c'est » ou « ce n'est pas », par « voici » ou « voilà », avec des « donc », des « c'est pourquoi » ou des « par conséquent », souvent très déconcertants, tant la conclusion ainsi introduite apparaît saugrenue. On trouve aussi, assez souvent, des phrases qui commencent par « on le voit », « on voit que », ou « on comprend que », alors même qu'il s'agit d'un propos très confus, voire dénué de sens, ou d'une contrevérité flagrante [22]. Parmi les mots qui reviennent

L'imagination est toujours rétrospective et le souvenir a toujours l'acuité d'une image » (p. 28-29) ; « Tout fantasme racinien suppose — ou produit — un combinat d'ombre et de lumière » (p. 30) ; « Partout, toujours, la même constellation se reproduit, du soleil inquiétant et de l'ombre bénéfique » (*Ibid.*) ; « Nous voici au cœur du fantasme racinien » (p. 32) ; « le tableau racinien est toujours une véritable anamnèse » (p. 34) ; « toute la tragédie semble tenir dans un vulgaire *pas de place pour deux*. Le conflit tragique est une crise d'espace (p. 36) ; « La division racinienne est rigoureusement binaire, le possible n'y est jamais rien d'autre que le contraire » (p. 46) ; « ce qui a été *est*, voilà le statut du temps racinien » (p. 48) ; « Tous les conflits raciniens sont construits sur un modèle unique, celui du couple formé par Jahvé et son peuple » (p. 50) ; « la tragédie est essentiellement procès de Dieu » (p. 54) ; « Tout Racine tient dans cet instant paradoxal où l'enfant découvre que son père est mauvais et veut pourtant rester son enfant » (*Ibid.*) ; « dans Racine, il n'y a qu'un seul rapport, celui de Dieu et de la créature » (p. 55) ; « Des *Frères ennemis* à *Athalie*, l'échec de tous les héros raciniens, c'est d'être renvoyés inexorablement à ce temps circulaire » (p. 58) ; « Le temps réitératif est à tel point le temps de Dieu qu'il est pour Racine celui de la Nature même » (p. 59) ; « Voilà peut-être le dernier état du paradoxe tragique : que tout système de signification y soit double, objet d'une confiance infinie et d'une suspicion infinie » (p. 64) ; « Voici peut-être la clef de la tragédie racinienne : parler, c'est faire, le Logos prend les fonctions de la Praxis et se substitue à elle : toute la déception du monde se recueille et se rédime dans la parole, le faire se vide, le langage se remplit » (p. 66) ; « *la tragédie, c'est le mythe de l'échec du mythe* » (p. 68. C'est Roland Barthes qui souligne).

20. Je ne puis multiplier les exemples. Mais le lecteur peut déjà en trouver beaucoup dans les formules que je viens de citer.

21. C'est ainsi, d'ailleurs, que commence le *Sur Racine* : « Il y a trois Méditerranées dans Racine : l'antique, la juive et la byzantine » (p. 15).

22. Citons seulement un exemple de l'un et l'autre cas. Ayant écrit que « Le destin permet au héros tragique de s'aveugler partiellement sur la source de son malheur, d'en situer l'intelligence originelle, le contenu plastique, en éludant d'en désigner la responsabilité : c'est un acte pudiquement coupé de sa cause », Roland Barthes croit devoir ajouter cette explication lumineuse : « Cette sorte d'abstraction paradoxale *se comprend très bien* [c'est moi qui souligne] si l'on songe que le héros sait dissocier la réalité du Destin

le plus souvent, il y a une quantité incroyable de « tout », « toute », « tous » ou « toutes », une profusion de « jamais » et de « toujours », sans compter d'assez nombreux « sans cesse » et quelques « perpétuellement ». Mais n'oublions surtout pas les « ne ... que », innombrables eux aussi, car Roland Barthes a poussé l'inconscience jusqu'à condamner chez les autres cette locution dont il fait lui-même un usage immodéré [23]. De plus, alors que les propos de Roland Barthes ne brillent ni par l'évidence, ni par le naturel, ni par la précision, ni par l'exactitude ou la rigueur, ils sont continuellement ponctués par des « évidemment », des « naturellement », des « précisément », des « exactement » (ou, plus volontiers, des « très exactement ») et des « rigoureusement ». Non moins nombreux sont les « bien entendu », les « manifestement », les « proprement », les « expressément », les « explicitement » (avec, pour les grandes occasions, la variante « de la façon la plus explicite »), les

de son essence : il prévoit cette réalité, il ignore cette essence ; ou, mieux encore, il prévoit l'imprévisibilité même du Destin, il le vit réellement comme une forme, une *mana*, la place gardée du revirement, il s'absorbe spontanément dans cette forme, il se sent lui-même forme pure et continuelle, et ce formalisme lui permet d'absenter pudiquement Dieu sans cependant le quitter » (p. 54). Il fallait y « songer », en effet. A propos de *Bérénice* enfin, Roland Barthes ose écrire : « On comprend combien la symétrie du *invitus invitam* antique est ici trompeuse » (p. 95). Le lecteur, s'il se souvient de la pièce, comprend surtout que Roland Barthes se moque éperdument de ce que dit Racine. Mais j'aurai l'occasion d'y revenir.

23. Dans la discussion qui a suivi la communication de M. Jacques-Alain Miller au colloque de Cerisy *Prétexte : Roland Barthes*, Mme Françoise Gaillard s'est déclarée particulièrement séduite par ce qu'il avait dit « surtout [...] concernant la psychanalyse, renvoyée à n'être finalement qu'un discours » (*Prétexte : Roland Barthes*, p. 213). Ce « ne ... que » a déplu à Roland Barthes. Après avoir remercié l'orateur de l'hommage qu'il lui avait rendu (« Ça m'a ému comme si c'était de la musique, et comme si Haydn, par exemple, avait écrit pour moi une symphonie et qu'il l'avait jouée pour moi »), il a ajouté : « Cela dit, je peux entrer dans la discussion, et dire que chez le « Roland Barthes » de Miller, qui est peut-être aussi le mien, il n'y a précisément jamais place pour la locution *ne ... que*. Dire que la psychanalyse est un discours est tout à fait différent de dire qu'elle n'est qu'un discours. J'espère n'avoir jamais fait de quelque chose le centre d'un *ne ... que* » (p. 214). C'est à croire que l'auteur du *Roland Barthes par Roland Barthes* n'a jamais lu du Roland Barthes. M. Serge Doubrovsky lui-même, qui est un grand admirateur de Roland Barthes, s'est étonné de ce propos : « Alors que l'homme déclare, le plus sincèrement du monde, son aversion pour la formule du « ne ... que » (*Prétexte : Roland Barthes*, p. 214), l'écrivain s'ébroue dans le *ne ... que* à l'infini » (« Une Écriture tragique », *Poétique*, no 47, septembre 1981, p. 348).

« essentiellement » [24], les « littéralement » ou les « à la lettre » [25]. Ajoutons y encore un certain nombre de « bref », de « en somme », de « en un mot », et nous aurons à peu près fait le tour des principaux tics de langage qui trahissent le dogmatisme du *Sur Racine*, lorsque j'aurai signalé encore une tournure très fréquente et spécialement révélatrice. Bien que, nous le verrons, Roland Barthes ait une tendance assez prononcée à oublier ce qu'il a déjà écrit, il lui arrive aussi de s'en souvenir et de vouloir rappeler à ses lecteurs des propos qu'il leur a déjà tenus. Dans ce cas-là, on ne trouve jamais le « j'ai dit que », ou le « comme je l'ai dit » qu'on s'attendrait à trouver. Roland Barthes préfère dire soit « on a vu que », soit, le plus souvent, « nous savons que », « on le sait », ou « on sait que » [26]. L'idée que le lecteur pourrait n'avoir pas

---

24. Roland Barthes fait aussi un très large usage de l'adjectif « essentiel » et du substantif « essence ».

25. Il est plaisant de le constater, le même Roland Barthes qui invite si volontiers ses lecteurs à prendre ses propos « à la lettre », ne manque pas de se plaindre lorsqu'on le fait. Ainsi, dans *Critique et vérité*, reprochant à Raymond Picard et à ses partisans leur « suspicion » à l'égard de l'image, il écrit : tantôt on l'interdit purement et simplement [...] ; tantôt on la ridiculise en feignant plus ou moins ironiquement de la prendre à la lettre » (p. 20-21). Il est assurément trop facile de ridiculiser une image, en affectant de la prendre à la lettre. Mais on aurait bien tort de se gêner lorsque l'auteur lui-même est assez sot pour nous y inviter. S'il est vrai qu'une image ne serait plus une image, si on pouvait la prendre à la lettre, il faut vraiment, pour parler crûment, en avoir une couche pour demander au lecteur de le faire. Roland Barthes, pourtant, le fait continuellement. Aussi ses « à la lettre », ses « littéralement », comme ses « proprement » ou ses « expressément », sont-ils généralement d'une parfaite absurdité. Ainsi, quand il écrit : « Le sang est donc à la lettre une Loi » (p. 49) ou : « Le Sérail est littéralement la caresse étouffante, l'étreinte qui fait mourir » (p. 104), qui donc nous expliquera jamais comment le sang peut être « à la lettre » une loi, comment un sérail peut être « littéralement » une caresse, une étreinte ? De même, lorsqu'il écrit que « Hippolyte hait la chair comme un mal littéral » (p. 117), on devine, bien sûr, que Roland Barthes a voulu dire « comme le mal absolu » (affirmation, d'ailleurs, fort discutable), mais il n'en reste pas moins que l'adjectif « littéral » n'a ici, « littéralement », aucun sens. Je prendrai enfin, en dehors du *Sur Racine* cette fois, un dernier exemple qui me paraît encore plus ridicule. Dans un entretien accordé au *Magazine littéraire*, à l'occasion d'un numéro qui lui était consacré, Roland Barthes a confié à M. Jean-Jacques Brochier « avoir été littéralement incendié » par la représentation que le *Berliner Ensemble* avait donné de *Mère Courage* en 1954 (« Vingt mots-clé pour Roland Barthes », *Magazine littéraire*, février 1975, p. 35). On aurait aimé savoir comment on pouvait être « littéralement »incendié par une représentation. M. Jean-Jacques Brochier, qui est le type même du jobard gobe-Barthes, n'a pas songé à le lui demander.

26. En voici quelques exemples : « nous savons que chez Racine. le Sang, le Destin, et les Dieux sont une même force négative, un *mana* un *ailleurs* dont le vide dessine l'irresponsabilité humaine » (p. 71) ; « L'ombre — dont on sait qu'elle est bien plus substance liée que privation de lumière — l'ombre est ici l'homme » (p. 76) ; « On sait que,

14

été convaincu par ses propos, et à plus forte raison l'idée qu'il pourrait les avoir trouvés ineptes, cette idée, visiblement, ne lui vient jamais à l'esprit. Manifestement, il est, au contraire, persuadé que ses affirmations deviennent immédiatement pour tous les lecteurs des paroles d'évangile, quelque paradoxales, quelque rocambolesques qu'elles fussent. Bref, il suffit de lire quelques pages du *Sur Racine* pour s'en convaincre : Roland Barthes croit dur comme fer que ses fariboles sont de l'or en barre.

Pour que je fusse tenté de mettre des bémols à mes critiques, il aurait fallu que Roland Barthes en mît d'abord à ses fariboles. Il a mis partout des doubles dièses. Mais le dogmatisme n'est pas le seul trait qui, à mes yeux du moins, rend les sottises du *Sur Racine* particulièrement irritantes. Si Roland Barthes est sans doute pour moi l'auteur le plus imbuvable qui soit, c'est aussi et surtout à cause de son incroyable maniérisme et de son prodigieux snobisme [27]. Dans le *Sur Racine*, ces deux défauts sont peut-être un peu moins accentués, un peu moins caricaturaux que dans d'autres livres comme *Le plaisir du texte*, le *Sade, Fourier,*

pour Racine, le monde n'est pas vraiment le réel » (p. 88) ; « On sait comment [Néron] découvre Junie, et que cet amour naît de la spécialité même de son être, de cette chimie particulière de son organisme qui lui fait rechercher l'ombre et les larmes » (p. 92) ; « l'on sait combien, chez Racine, la parole est sexualisée » (p. 101) ; « on sait que, chez Racine, les « rôles » sexuels sont essentiellement définis par la Relation d'Autorité, et qu'il n'y a chez lui d'autre constellation érotique que celle du pouvoir et de la sujétion » (p. 102) ; « On a vu que dans *Britannicus* la substance funèbre de cette caresse était le poison » (p. 104) ; « Acomat est l'homme des vaisseaux, objets dont on sait la fonction antitragique » (p. 105) ; « Cette fermeture intolérable de l'être, qui est dans un même mouvement mutisme et stérilité, c'est aussi, on le sait, l'essence d'Hippolyte » (p. 118) ; « On sait que la rupture de la Légalité est le mouvement qui mine la psyché racinienne »(p. 127) ; « Il existe chez Racine, on le sait, une contradiction entre son éthique et son esthétique [...] Ce contraste esthétique recouvre en fait une contradiction métaphysique que l'on connaît bien : Dieu est vide, et c'est pourtant à lui qu'il faut obéir » (p. 129). On trouverait bien d'autres exemples encore, en parcourant «l'Homme racinien » (voir p. 26, 45, 61, 72, 75, 90, 91, 95, 96, 99, 100, 103, 108, 128, 131).

27. Ce maniérisme et ce snobisme (au niveau du style) ont été dénoncés avec une drôlerie et une férocité extraordinaires dans le livre de Burnier et Rambaud : *Le Roland-Barthes sans peine*. Ce merveilleux petit chef-d'œuvre constitue un catalogue de mode barthésienne, très riche et très précis. Il explique fort bien, avec des patrons à l'appui, comment le célèbre faiseur bâtit ses phrases. Il décrit tous les atours dont il se sert pour orner ses sornettes, les affiquets et les colifichets dont il habille ses balivernes, les fanfioles, les fanfreluches et les falbalas dont il affuble ses fariboles.

Loyola, le *Roland Barthes par Roland Barthes,* ou les *Fragments d'un discours amoureux* ; ils n'en sont pas moins constamment présents, comme ils le sont dans tous les écrits de Roland Barthes. Quand le style d'un auteur se veut aussi aguicheur, quand il tortille à ce point du cul, quand il fait autant le trottoir pour racoler les snobinards, on n'a pas seulement envie d'être direct et brutal, on a besoin d'être grossier [28].

Le snobisme de Roland Barthes ne se manifeste pas seulement par la manière tarabiscotée dont il habille ses fariboles [29]. Il se manifeste aussi et d'abord par la nature

28. A côté de la sottise sophistiquée et tortillonnée, de la bêtise bêcheuse et bichonnée d'un Roland Barthes, la sottise brute et rigide, la bêtise franche et massive d'un Lucien Goldmann, ont quelque chose de sympathique. Tout compte fait, je préfère encore un pitaud à une pimpesouée.

29. Sur le snobisme du style de Roland Barthes, je me permets de renvoyer le lecteur au livre de Burnier et Rambaud. Je tiens cependant à dire un mot sur la cuistrerie de son vocabulaire. En effet, notamment dans *Critique et vérité* (voir p. 27-32), Roland Barthes affecte de croire que ceux qui condamnent son « jargon », sont tous des puristes, qui ont une conception « ascétique », « passéiste » et conservatrice du style. Il affecte de croire qu'on lui reproche de trop aimer les mots et de faire trop souvent appel à des mots rares, voire à des mots nouveaux. Il affecte de croire que ce sont les « cuistres » qui n'aiment pas ses néologismes. Je suis certes de ceux que le vocabulaire de Roland Barthes rebute et même qu'il horripile. Je ne songe pourtant nullement à lui reprocher de trop aimer les mots, mais seulement d'avoir une prédilection particulièrement marquée pour les mots les plus pesants, les plus pédants, les plus puants. Ce que je reproche à ses mots rares et à ses mots nouveaux, ce n'est ni leur rareté ni leur nouveauté, c'est leur cuistrerie. Quand on se gargarise de mots grecs comme *doxa, praxis* ou *logos* (employés généralement avec une majuscule, pour mieux impressionner les naïfs) ou de mots tirés du grec comme *anamnèse, anamorphose, anastomose,* ou *énantiosème,* quand on se grise de mots comme *artefact, encratique, proaïrétique, réitératif, syntagmatique* ou *fantasmatiquement,* il faut un singulier culot pour traiter de « cuistres » ceux qui ne goûtent guère ce jargon.

J'ai cité tout à l'heure cette étonnante note de *Critique et vérité* dans laquelle Roland Barthes croit accabler ses adversaires en citant toutes les expressions péjoratives qu'ils lui ont appliquées. Il utilise de nouveau ce curieux procédé pour défendre son « jargon ». mais, cette fois, il a recours à la prétérition, ce qui rend la chose encore plus plaisante : « Je renonce, dit-il, à citer toutes les accusations de « jargon opaque » dont j'ai été l'objet » (*Critique et vérité,* p. 28, note 1). Comment ne pas rire devant la suffisance si naïve d'un auteur qui croit se montrer beau joueur en renonçant à citer les accusations dont il a été l'objet, affectant de dédaigner ce moyen trop facile de discréditer ses censeurs ? Que Roland Barthes pense en lui-même que, puisqu'il a raison, ses adversaires ont tort, il n'y a rien là que de très naturel. Tout le monde est plus ou moins porté à raisonner ainsi, mais, à moins d'être totalement infatué de soi-même et tout à fait incapable de se mettre par la pensée à la place des autres, on se garde, d'ordinaire, de le laisser paraître. Car, de toute évidence, ce beau raisonnement ne saurait convaincre que ceux qui sont déjà convaincus que l'on a raison. Ce serait vraiment trop commode, s'il suffisait de citer une accusation pour la réfuter et pour discréditer celui qui l'a lancée. Ceux qui attaquent, seraient toujours même de ses fariboles qui fleurent toutes les turlutaines de l'avant-garde intellectuelle, toutes les lubies et les marottes à la mode. Pour affriander sa clientèle de foutriquets toujours en quête des dernières foutaises, Roland Barthes affecte de s'être nourri, pour les en abecquer, des théories les plus récentes, d'avoir lu et assimilé, dès leur publication et parfois même avant, tous les livres et tous les articles relatifs à la littérature ou aux sciences humaines, particulièrement à la psychanalyse, à la linguistique et à la sociologie [30]. Il ne s'en inspire d'ailleurs, comme il le reconnaît volontiers, que d'une manière très libre et très lâche, ne demandant guère aux « travaux » qu'il cite, que de donner une caution et une coloration modernistes et pseudo-scientifiques à ses fariboles, afin de les rendre encore plus affriolantes pour les

vaincus, et ceux qui sont attaqués, toujours vainqueurs. La riposte deviendrait d'autant plus facile et plus foudroyante que l'attaque aurait été plus rude et plus vigoureuse. Ceux qui aiment la polémique n'auraient plus qu'à y renoncer : les coups les plus forts et les mieux appliqués ne pourraient plus atteindre que ceux qui les portent.

30. Dans le *Sur Racine* (ici encore, je ne prends mes exemples que dans la première partie de « L'Homme racinien »), à côté d'un seul livre (celui de Charles Mauron) et de deux articles (de Bernard Dort et de Georges Poulet) sur Racine, à côté de *La Dramaturgie classique* de M. Schérer, de *La Rhétorique* du père Lamy, Roland Barthes cite Freud (*Moïse et le monothéisme*), Roland Kuhn (*Phénoménologie du Masque à travers le test de Rorschach*), Kierkegaard, Nunberg (*Principes de psychanalyse*), G. Thomson (*Marxism and Poetry*), Pierre Curie, Granet (un article de l'*Année sociologique* sur la féodalité dans l'ancienne Chine), Husserl, Marx (*Manuscrit économico-philosophique*), Lévi-Strauss (*Anthropologie structurale*). Ces références hétéroclites et insolites (j'aurai l'occasion de revenir sur telle ou telle d'entre elles) sont sans doute destinées d'abord à nous prouver la diversité des curiosités et l'ouverture d'esprit de l'auteur du *Sur Racine* plutôt qu'à nous éclairer sur Racine.

Mais c'est peut-être dans *Critique et vérité* que Roland Barthes, dont l'amour propre a été mis à rude épreuve par la vigoureuse attaque de Raymond Picard, manifeste le mieux sa conviction d'avoir pour lui toutes les forces vives de l'intelligence et de la pensée contemporaines, et contre lui seulement les esprits les plus rétrogrades, ceux qui ignorent, ou veulent ignorer, toutes les perspectives nouvelles qui ont été ouvertes par le développement des sciences humaines. Faute d'un index des auteurs ou des ouvrages cités, il suffit de feuilleter le livre et de regarder notamment les références données en bas de page pour s'apercevoir qu'à côté de Raymond Picard et de ses partisans dont il rappelle les accusations, d'une manière le plus souvent tendancieuse, Roland Barthes ne mentionne guère que les « travaux » de l'avant-garde et les écrivains qu'elle affectionne. La seule énumération des auteurs et des écrits qu'il mobilise, de gré ou de force, pour le défendre, est tout à fait instructive. On trouve pêle-mêle (je cite dans l'ordre alphabétique) : Adler, Bachelard (2 fois), Charles Bally (*Linguistique générale et Linguistique française*, 4e éd., 1965), E. Baron (*Géographie*, Classe de Philosophie), Georges Bataille (*L'Expérience intérieure*, 1954), Benveniste (« Remarques sur la fonction du langage dans la découverte freudienne », *La Psychanalyse*, no 1, 1956), Maurice Blanchot (3 fois), Noam Chomsky (3 branlotins snobinards qui se lèchent les babines en lisant du Roland Barthes. Si l'auteur du *Plaisir du texte* fait tellement la joie des jobards, c'est parce qu'il sait leur donner sans cesse l'impression que ceux qui le lisent, font partie de la fraction la plus avancée de l'élite cultivée, qu'ils sont vraiment au fait de l'actualité intellectuelle et qu'ils vivent pleinement le grand bouillonnement d'idées engendré par l'essor des sciences humaines.

fois), Jean Cohen (*Structure du langage poétique*, 1966), Démétrios de Phalère, Umberto Eco (*L'Œuvre ouverte*, 1965), Lucien Febvre, Michel Foucault (*Histoire de la folie à l'âge classique*, 1961), Freud (3 fois), Gérard Genette (« Rhétorique et Enseignement au XXᵉ siècle », à paraître dans la revue *Annales*, en 1966), Alain Girard (*Le Journal intime*, 1963), René Girard, Lucien Goldmann (« Introduction aux problèmes d'une sociologie du roman », *Revue de l'Institut de Sociologie*, Bruxelles, 1963), A.J. Greimas (*Cours de Sémantique*, cours ronéotypé de l'E.N.S. de Saint-Cloud, 1964), H. Hécaen et R. Angelergues (*Pathologie du langage*, 1965), Humboldt, Jakobson (4 fois ; « Les Chats de Charles Baudelaire », *L'Homme*, 1962 ; *Essais de Linguistique générale*, 1963), Kafka (2 fois), Lacan (3 fois), Lautréamont, Le Clézio, Lévi-Strauss (3 fois), Loyola, Lukacs, Mallarmé (7 fois), Marx, Merleau-Ponty, Nietszche (2 fois), Ombredane, Georges Poulet (« Notes sur le temps racinien », *Études sur le temps humain*, 1950), Vladimir Propp, Proust (7 fois), Queneau (*Bâtons, chiffres et lettres*, 1965), Jean-Pierre Richard (4 fois ; *L'univers imaginaire de Mallarmé*, 1961 ; « Fadeur de Verlaine », *Poésie et Profondeur*, 1955) ; Paul Ricœur (*De l'interprétation, essai sur Freud*, 1965), Rimbaud, Marthe Robert (*Kafka*, 1960), Nicolas Ruwet (« L'analyse structurale de la poésie », *Linguistics* 2, déc. 1963 ; « Analyse structurale d'un poème français », *Linguistics* 3, janv. 1964 ; « La Linguistique générale aujourd'hui », *Archives européennes de Sociologie*, 1964), Sade, Severo Sarduy (« Sur Gongorra », *Tel Quel*, à paraître), L. Sebag (« Le Mythe : Code et Message », *Temps modernes*, mars 1965), Philippe Solers (« Dante et la traversée de l'écriture », *Tel Quel*, automne 1965), Tzvetan Todorov (« Les anomalies sémantiques », à paraître dans la revue *Langages*). Quant à Racine, logiquement, il aurait dû être, et de très loin, l'auteur le plus cité (il aurait même pu être le seul cité). C'est lui, et personne d'autre, que Roland Barthes aurait dû mobiliser en premier, s'il avait voulu, non pas lancer du fumigène, mais répondre vraiment à Raymond Picard. Or il n'a cité qu'un seul vers de Racine (« La fille de Minos et de Pasiphaé ») et ce n'était même pas pour répondre à une objection précise. Il aurait été bien en peine, il est vrai, de demander à Racine de défendre le *Sur Racine*. Il a préféré évoquer des écrivains comme Sade, Rimbaud, Mallarmé ou Lautréamont qui sont assurément bien incapables de justifier le *Sur Racine*, mais qui ont du moins l'avantage d'être beaucoup plus goûtés que Racine par sa clientèle habituelle, comme d'ailleurs par lui-même. Faute de pouvoir s'appuyer sur Racine, il aurait pu essayer d'invoquer pour sa défense d'autres critiques qui ont écrit sur Racine. Il n'en a cité, ou plutôt évoqué (p. 77) qu'un seul, Georges Poulet, et sans lui demander le moindre argument (il s'est contenté d'affirmer que Racine avait « quelque dette » envers lui). Il a préféré citer des critiques qui ont écrit sur Mallarmé, Verlaine, Baudelaire, Kafka, Dante ou Gongora, et des ouvrages ou des articles de linguistique ou de poétique. Mais les dates de publication indiquées par Roland Barthes sont aussi révélatrices que les noms des auteurs et que la nature des travaux cités. *Critique et vérité* ayant été publié en 1966, on voit que Roland Barthes a affecté de citer des travaux publiés, pour la plupart, dans les six dernières années et surtout dans les trois dernières. Il cite même un livre qui vient juste de paraître (celui de M. Jean Cohen, *Structure et langage poétique*, publié en 1966, livre dont,

18

Non content de dire continuellement des inepties, Roland Barthes est persuadé de faire une œuvre utile. Il prétend participer, avec quelques autres penseurs de pointe (notamment ses amis de *Tel Quel*) à une vaste entreprise de libération intellectuelle [31]. Ce semeur de fariboles croit être

d'ailleurs, un examen rigoureux ne laisserait rien subsister) et trois articles « à paraître » (ceux de Genette, de Sarduy et de Todorov). Roland Barthes semble avoir conservé toute sa vie la crédulité naïve de beaucoup d'étudiants qui se figurent que le dernier article paru est nécessairement celui qu'il faut avoir lu pour avoir la chance de réussir à un examen ou à un concours. Il est assurément très commode de renvoyer un contradicteur à des travaux qui n'ont pas encore paru (ou qui n'ont pas été diffusés, comme le cours ronéotypé de Greimas). Mais c'est un procédé assez étrange, surtout quand ce contradicteur vous a reproché d'avoir dit des âneries sur des œuvres qui sont archi-classiques depuis bientôt trois siècles. Raymond Picard lui a dit : « Relisez donc Racine et vous verrez que ce que vous avez dit, est totalement arbitraire », et Roland Barthes lui répond : « Attendez un peu que Genette ait publié son article sur « Rhétorique et enseignement au XXᵉ siècle » ; attendez un peu que l'article de Severo Sarduy sur Gongora ait paru ; attendez donc d'avoir pu lire l'article de Todorov sur « les anomalies sémantiques » ! »
31. Roland Barthes conclut le texte qu'il a rédigé pour la quatrième de couverture de *S/Z* en disant qu'il veut participer « à la pluralisation de la critique, à l'analyse structurale du récit, à la science du texte, à la fissuration du savoir dissertatif, l'ensemble de ces activités prenant place à mes yeux (et, tout, autour de moi, en dit l'urgence) dans l'édification (collective) d'une théorie libératrice du Signifiant ». Pour pouvoir apprécier la drôlerie, tout à fait involontaire, de ces lignes, il faut, bien sûr, avoir lu, sinon tout le livre, du moins un passage tel que celui-ci : « *SarraSine* : conformément aux habitudes de l'onomastique française, on attendrait *SarraZine* [cette affirmation est, d'ailleurs, totalement dénuée de fondement] : passant au patronyme du sujet, le Z est donc tombé dans quelque trappe. Or Z est la lettre de la mutilation, phonétiquement, Z est cinglant à la façon d'un fouet châtieur, d'un insecte érinnyque [...] ; enfin, ici même, Z est la lettre inaugurale de la Zambinelle, l'initiale de la castration, en sorte que par cette faute d'orthographe, installée au cœur de son nom, au centre de son corps, Sarrasine reçoit le Z zambinellien selon sa véritable nature, qui est la blessure du manque. De plus, S et Z sont dans un rapport d'inversion graphique : c'est la même lettre, vue de l'autre côté du miroir : Sarrasine contemple en Zambinelle sa propre castration. Aussi la barre (/) qui oppose le s de SarraSine et le Z de Zambinella a-t-elle une fonction panique : c'est la barre de censure, la surface spéculaire, le mur de l'hallucination, le tranchant de l'antithèse, l'abstraction de la limite, l'obliquité du signifiant, l'index du paradigme, donc du sens » (p. 113). Quand on a lu ces lignes (ou celles-ci, au début du paragraphe suivant : « *Zambinella* peut être *Bambinella*, le petit bébé, ou *Gambinella,* la petite jambe, le petit phallus, l'un et l'autre marqués par la lettre de la déviance, Z »), on se demande vraiment avec quels yeux Roland Barthes regardait les êtres et les choses pour avoir eu l'impression que « tout, autour de [lui] » disait « l'urgence » d'écrire de pareilles foutaises. Comment pourrait-il donc y avoir jamais la moindre « urgence » à écrire des stupidités ridicules ? Et comment des fariboles grotesques pourraient-elles donc avoir jamais une fonction « libératrice » ?
A propos de *S/Z*, j'ai lu avec beaucoup de satisfaction le jugement lapidaire que René Etiemble a porté sur ce livre, dans un entretien accordé au *Nouvel Observateur*. Évoquant les « conneries en vogue » (enfin un universitaire qui ne mâche pas ses mots !), il a déclaré que *S/Z* était « un tissu d'inepties » (*Le Nouvel Observateur*, nᵒ du 12 déc. 1981, p.116). Le plus plaisant, c'est qu'Etiemble n'aurait peut-être pas émis ce jugement, si son interlocuteur, M. Frédéric Ferney, n'avait été un admirateur de Roland Barthes et n'avait visiblement poussé Etiemble à prononcer son nom. Il a bien dû le regretter.

un des phares de notre époque. Il est convaincu, et il sait en convaincre ses admirateurs, qu'il est le grand démystificateur de notre temps [32]. A l'en croire, sa vocation propre, c'est, partout, de pourchasser, de débusquer et de démasquer la « bêtise » dont il aime à dire qu'elle le « fascine » [33]. On aurait donc bien tort de se croire obligé à employer des circonlocutions pour qualifier ses élucubrations. Quand un auteur affecte d'écrire contre la « bêtise », il donne à ceux qui pensent qu'en réalité il écrit des sottises, la meilleure des raisons pour le dire sans détour.

C'est aussi le meilleur moyen de couper court à certains procès d'intention que Roland Barthes n'a jamais manqué de faire à ses contradicteurs, et que ses admirateurs pourraient avoir envie de m'intenter à leur tour. En premier lieu, en disant haut et clair que je reproche d'abord et surtout à Roland Barthes de dire des sottises [34], de tenir des propos, non pas subtils, mais bel et bien absurdes et stupides, je devrais, du moins logiquement, éviter d'être accusé de faire de l'anti-intellectualisme, comme en ont été accusés notamment, et tout à fait gratuitement, MM. Burnier et

32. Pour M. Jacques-Alain Miller, Roland Barthes est, par excellence, « le Grand Non-Dupe » (*Prétexte : Roland Barthes*, p. 204). C'est, je crois, la définition la plus fausse que l'on puisse donner de lui. Comme Raymond Picard, j'ai longtemps pensé que Roland Barthes était d'abord un « imposteur » et, dans la Préface d'*Assez décodé !*, j'avais parlé de son « art d'ébahir les jobards par un mélange habile de sabir et de fariboles » (p. 9). Mais, plus je le lis et plus je suis tenté de croire que, s'il sait si bien parler aux jobards, c'est moins de l'art que de l'instinct. Le Grand Non-Dupe serait sans doute le Grand Dupeur, s'il n'était surtout le Grand Jobard.

33. Voir, par exemple « De la bêtise, je n'ai le droit... » (*Roland Barthes par Roland Barthes*, p. 55—56) ou « Vingt mots-clé pour Roland Barthes » (*Le Magazine littéraire*, fév. 1975, p. 35). Voir aussi la communication de Mme Françoise Gaillard au colloque de Cerisy, « Qui a peur de la bêtise ? », et la discussion qui a suivi (*Prétexte : Roland Barthes*, p.273 sq.). Voici en quels termes M. Antoine Compagnon a évoqué, dans son intervention, le combat de Roland Barthes et de la bêtise : « Pendant que Françoise Gaillard parlait, j'ai tout à coup eu l'impression de voir quel était mon Roland Barthes à moi [...] et je pensais essentiellement au torero, c'est-à-dire à la bête noire... A la bêtise comme le taureau qui arrive dans l'arène et à la bête bien vivante, massive, et au ballet que fait le torero autour de la bête, au glissement, à la chorégraphie, à une écriture du glissement autour de la bête et à la ruse que déploie le torero face à cette bête toujours renouvelée comme un fétiche [sic] dans l'arène » (p. 296-297).

34. Les autres reproches que je peux lui faire (sur son jargon, sa préciosité, sa suffisance, etc.), sont très secondaires par rapport à celui-là (son jargon ou sa suffisance seraient, d'ailleurs, beaucoup moins irritants, s'il disait moins de sottises).

20

Rambaud [35]. En faisant le procès de Roland Barthes, je n'entends certes pas faire le procès de l'intelligence. Quand je le lis, je ne me dis jamais que Roland Barthes est trop intelligent ; je me dis continuellement, avec un étonnement toujours renouvelé : « Comment peut-on être aussi con ? ». D'ailleurs, d'une manière générale, je n'arrive vraiment pas à

35. Dès ses *Mythologies*, Roland Barthes a affecté de voir dans l'anti-intellectualisme son « ennemi familier » : « On connaît la scie : trop d'intelligence nuit, la philosophie est un jargon inutile, il faut réserver la place du sentiment, l'art meurt de trop d'intellectualité, l'intelligence n'est pas une qualité d'artiste, les créateurs puissants sont des empiriques, l'œuvre échappe au système, en bref la cérébralité est stérile » (« Racine est Racine », *Mythologies*, p. 109-110). A l'en croire, toutes les attaques dont il a été l'objet, s'expliquent essentiellement par le fait qu'en France, depuis le romantisme, l'anti-intellectualisme est devenu une maladie chronique. Dans un entretien accordé à une journaliste de *Elle*, Mme Françoise Tournier, qui avait poussé la sottise jusqu'à lui demander s'il ne percevait pas « une très nette poussée fasciste » dans le fait qu'on parlait « de « liquidation » des maîtres penseurs et d'un désir général de retour au « bon sens » », Roland Barthes déclare : « Il est certain qu'il y a un racisme anti-intellectuel et que l'intellectuel sert de bouc émissaire comme le juif, le pédéraste, le nègre. Le procès des intellectuels revient périodiquement en France depuis le romantisme. Procès intenté par le « bon sens », par la grosse opinion conformiste [...] La moindre dialectique, la moindre subtilité effraie tellement les gens à l'esprit très gros que, pour défendre leur épaisseur, ils allèguent le bon sens qui tue les nuances » (« Des mots pour faire entendre un doute », *Elle*, 4 déc. 1978, *Le Grain de la voix*, p. 292-293). Comme il était facile de le prévoir, la publication du *Roland Barthes sans peine* de MM. Burnier et Rambaud a amené Roland Barthes et les jobarthiens, consternés par le succès de ce livre, à crier de plus belle au complot anti-intellectualiste. M. Pierre Boncenne, interrogeant Roland Barthes pour la revue *Lire*, n'a pas manqué de lui tendre la perche : « Estimez-vous que l'on voit se manifester actuellement un certain anti-intellectualisme, anti-intellectualisme dont vous-même avez pu être la cible à travers un pastiche ? ». Et Roland Barthes s'est empressé de la saisir : « Sûrement. En réalité, l'anti-intellectualisme est un mythe romantique. Ce sont les romantiques qui ont commencé à porter le soupçon sur les choses de l'intellect en dissociant la tête et le cœur. Ensuite, l'anti-intellectualisme a été relayé par des épisodes politiques, comme l'affaire Dreyfus. Puis, périodiquement, la société française, en contradiction d'ailleurs avec son goût du prestige, pique des crises ou des accès d'anti-intellectualisme » (« Roland Barthes s'explique », *Lire*, avril 1979, *Le Grain de la voix*, p. 312). Interrogé ensuite sur « les rapports possibles entre [l]e pamphlet de Raymond Picard et le pastiche de Burnier-Rambaud », Roland Barthes répond que, pour lui, ce dernier ouvrage est « effectivement une opération Picard avec plus de dix ans de retard, à cette différence près que le théâtre de l'opération a changé : parce que je suis plus connu, on est passé de l'enceinte de l'Université à celle des médias. Mais, au fond, le problème reste le même, lié au langage » (p. 313). La mauvaise foi de Roland Barthes est, une fois de plus, tout à fait flagrante. Il est vrai que le livre de MM. Burnier et Rambaud prend pour cible son langage et non point sa pensée (du moins directement, car elle est mise en cause dans la mesure où « le Roland Barthes » nous est présenté comme une langue spécialement conçue pour permettre à ceux qui n'ont rien à dire, d'accéder à « la faconde »). Mais Raymond Picard s'en est pris, lui, à la pensée de Roland Barthes, beaucoup plus qu'à son langage. Comme il l'avait déjà fait dans *Critique et vérité*, Roland Barthes essaie de réduire la portée des critiques de Raymond Picard, en affectant de croire qu'il a surtout été agacé par son « jargon ».

comprendre comment on pourrait être trop intelligent. J'ai rencontré des gens fort peu intelligents, des gens intelligents, des gens très intelligents ; je n'ai jamais rencontré personne qui fût trop intelligent. J'ai lu des livres totalement inintelligents, des livres intelligents, des livres très intelligents ; je ne connais pas de livre qui soit trop intelligent. Ceux qui professent que « trop d'intelligence nuit », ont généralement de bonnes raisons pour cela : sans parler de ceux qui ont échoué dans leurs études [36], il s'agit le plus souvent de gens qui adhèrent à des croyances religieuses ou à des philosophies fumeuses, auxquelles on ne peut adhérer qu'en mettant un bandeau sur son intelligence. Ce n'est aucunement mon cas : nulle croyance ne m'encrasse le cerveau, nulle philosopherie ne l'obscurcit [37].

36. Certes, il existe en France, comme partout sans doute, un petit « racisme anti-intellectuel ». Mais cette forme vulgaire d'anti-intellectualisme ne saurait être le fait des adversaires de Roland Barthes, lesquels sont eux-mêmes des intellectuels. A la suite du livre de Raymond Picard, Roland Barthes a affecté de considérer la Sorbonne comme le centre des attaques dont il était l'objet. On peut penser, en tout cas, que ce n'est pas un des endroits de France où le « racisme anti-intellectuel » doit sévir le plus. Dans ses *Mythologies*, Roland Barthes cite Poujade qui s'en prenait volontiers aux « polytechniciens » ou aux « sorbonnards » (« Poujade et les intellectuels », *Mythologies*, p. 205). Il est piquant de constater que l'amour-propre blessé de Roland Barthes l'a amené à se comporter comme Poujade. Quand on lui rappelle l'offensive de Raymond Picard, il ne manque pas de rappeler, lui, qu'elle venait d'un « professeur de Sorbonne », comme si cela suffisait à lui ôter toute valeur (voir notamment « Vingt mots-clé pour Roland Barthes », *Le Magazine littéraire*, fév. 1975, p. 36).

37. On peut penser de mes opinions ce qu'on veut, mais je les exprime suffisamment nettement pour qu'on n'aille pas m'en attribuer qui ne sont pas les miennes. Je puis encore moins admettre qu'on veuille me faire endosser des sottises contre lesquelles je me suis employé à tirer à boulets rouges. C'est pourtant ce qu'a fait M. Marc Soriano, en présentant *Assez décodé !* comme un libelle écrit par un « intégriste » (Voir J.-Francis Reille : *Proust : le temps du désir*, Préface de Marc Soriano, p. 15). Connaissant les curieuses méthodes de « lecture » des partisans de la « nouvelle critique », j'avais cependant pris la précaution, dans la Préface, de rappeler que j'étais un mécréant convaincu et que j'avais écrit un premier livre intitulé *Une croix sur le Christ*. Je ne pense pas que ce soit le livre de chevet de Mgr Lefebvre. Ayant écrit à M. Soriano pour lui dire combien j'avais été étonné d'un qualificatif que je n'aurais jamais cru avoir mérité, je pensais qu'il se croirait obligé de m'adresser un mot de regret. Je n'en ai point reçu. Pour avoir lu ses élucubrations sur les Contes de Perrault, je ne faisais pas grand cas de ses écrits. Mais maintenant je m'interroge aussi sur son caractère.

Pour en revenir à Roland Barthes, si je me sens, quant à moi, dégagé de toute croyance ou de toute doctrine qui pourrait me faire taxer d'anti-intellectualisme, je ne crois pas que l'auteur du *Sur Racine* aurait été fondé à en dire autant. Certes, il n'est pas croyant, même s'il a toujours été très discret sur ce sujet, se gardant bien de clamer son incroyance, d'une part, parce que ce n'est pas du tout à la mode, et, d'autre part, parce que cela aurait

Il faut conserver aux mots un sens suffisamment précis. C'est être anti-intellectualiste que de faire le procès de l'intelligence ; c'est être anti-intellectualiste que de faire le procès de l'intellectuel en tant que tel ; ce n'est pas du tout être anti-intellectualiste que de faire le procès d'un intellectuel qui manque à l'intelligence [38]. Il est clair qu'il n'y aurait plus de débat intellectuel possible, si l'on ne pouvait plus critiquer les propos d'un intellectuel sans être taxé d'anti-intellectualisme. La malhonnêteté scandaleuse avec laquelle Roland Barthes, suivi par tous les bartholâtres, a accusé ses détracteurs d'être des anti-intellectualistes, me paraît donc constituer une excellente raison de plus pour n'atténuer en rien la sévérité de mes jugements.

A quoi a servi d'ailleurs la relative modération dont ont fait preuve, avant moi, les adversaires de Roland Barthes ?

risqué de lui aliéner une partie de sa clientèle qui compte d'assez nombreux chrétiens de gauche. Mais les théories auxquelles il se réfère le plus volontiers, principalement le structuralisme et la psychanalyse, me paraissent bien relever d'une inspiration nettement anti-intellectualiste, et même franchement obscurantiste. L'anti-intellectualisme de Roland Barthes est beaucoup plus évident que celui de Raymond Picard. Celui-ci me semble se situer, au contraire, et je crois m'y situer aussi, dans une lignée qu'on peut aisément qualifier d'intellectualiste. D'ailleurs, bien qu'il n'emploie pas ce mot, c'est bien dans cette lignée que Roland Barthes situe lui-même Raymond Picard lorsqu'il écrit dans *Critique et vérité* : « L'ignorance de l'ancienne critique à l'égard de la psychanalyse a l'épaisseur et la ténacité d'un mythe (ce pourquoi elle finit par avoir quelque chose de fascinant) : ce n'est pas un refus, c'est une disposition, appelée à traverser imperturbablement les âges : « *Dirai-je l'assiduité de toute une littérature depuis cinquante ans, singulièrement en France, à clamer le primat de l'instinct, de l'inconscient, de l'intuition, de la volonté au sens allemand, c'est-à-dire par oppposition à l'intelligence.* » Ceci n'a pas été écrit en 1965 par Raymond Picard, mais en 1927 par Julien Benda » (p. 27). Et Roland Barthes ajoute en note : « Petite étude à faire sur la postérité actuelle de Julien Benda » (*Ibid.*, note 2). Il faudrait choisir : on ne peut à la fois accuser quelqu'un d'être un anti-intellectualiste et lui reprocher de se situer dans la postérité de Julien Benda. C'est bien plutôt celui qui fait ce reproche, qui se rend suspect d'anti-intellectualisme. Notons aussi que Roland Barthes semble considérer que seuls les esprits rétrogrades pourraient reprendre en 1965 des propos tenus en 1927. C'est un trait de plus à mettre au compte de son snobisme.

38. Mieux vaut ne pas être un intellectuel, si c'est pour écrire des sottises. Roland Barthes aurait peut-être fait un excellent menuisier, : il a « un bon rapport avec le bois », si l'on en croit la précieuse confidence qu'il a bien voulu faire à M. Jean-Louis de Rambures. Celui-ci enquêtant pour savoir « comment travaillent les écrivains », Roland Barthes lui a révélé que, dans son « espace laborieux », « il doit y avoir d'abord une table » (on s'en serait douté !) et, baissant sans doute la voix, (la parenthèse le suggère) il a ajouté : « (J'aime bien qu'elle soit en bois. J'ai un bon rapport avec le bois) » (« Un rapport presque maniaque avec les instruments graphiques », *Le Monde*, 27 sept. 1973, *Le Grain de la Voix*, p.172-173).

Non seulement elle n'avait guère de chances d'être reconnue, et elle ne l'a pas été [39], mais elle ne pouvait que rendre plus facile l'accusation d'anti-intellectualisme. Non seulement Roland Barthes n'a jamais su gré à ses adversaires de ne pas mettre directement en cause son intelligence et son talent (voire de leur rendre, par courtoisie, un hommage de pure forme), ou, du moins, de consentir à appeler « divagations » ou «extravagances » (dans certains cas, ces mots eux-mêmes peuvent avoir une valeur de litote) des stupidités et des âneries ahurissantes [40]. Mais il en a tiré parti pour affecter de croire qu'on lui reprochait d'être trop cérébral, d'avoir une pensée trop complexe, trop agile, trop déliée, bref, d'être affligé d'un regrettable excès d'intelligence.

En réalité, ce ne sont pas les adversaires de Roland Barthes, mais ses admirateurs qui lui ont fait le plus de tort. Le succès des *Mythologies*, notamment, lui a sans doute beaucoup nui. Ses défauts y étaient déjà très visibles [41], mais

---

39. Raymond Picard avait, il me l'a dit, le sentiment de s'être exprimé avec beaucoup de mesure et il est vrai qu'il aurait pu être bien plus brutal qu'il ne l'a été. Cela n'a pas empêché Roland Barthes et ses partisans de dénoncer le caractère « singulièrement violent » du débat ouvert par Raymond Picard (Voir la quatrième de couverture de *Critique et vérité*). Cela n'a pas empêché M. Louis-Jean Calvet de parler de la « sauvagerie » avec laquelle Raymond Picard défendait « l'ordre établi de la critique littéraire » (*Roland Barthes, un regard politique sur le signe*, p. 15) ou M. Claude Bonnefoy d'évoquer les « fureurs d'Hermione » (*Arts*, 3 nov. 1965).

40. Lorsque Raymond Picard accuse Roland Barthes de «délirer», il ne veut évidemment pas dire qu'il est fou. C'est simplement une façon moins brutale de dire qu'il dit des sottises. Au lieu de lui savoir gré d'avoir recours à un euphémisme, Roland Barthes fait preuve d'une parfaite mauvaise foi et affecte de croire que Raymond Picard a employé « délirer » au sens propre. Parlant du critique, il écrit, en effet : « Ce qui contrôle son propos n'est pourtant pas la peur morale de « délirer » d'abord parce qu'il laisse à d'autres le soin indigne de trancher péremptoirement entre la raison et la déraison, au siècle même où leur partage est remis en cause [...] » (*Critique et vérité*, p. 64-65). Et il ajoute en note : « Faut-il rappeler que la folie a une histoire et que cette histoire n'est pas finie ? (Michel Foucault, *Folie et déraison, Histoire de la Folie à l'âge classique*, Plon, 1961) » (*Ibid.*, p. 65, note 2). Ce mouvement d'indignation est tout à fait ridicule. Roland Barthes sachant fort bien ce que Raymond Picard a voulu dire, sa réplique revient à dire : C'est une chose indigne de dire que je dis des sottises ». Bien qu'il n'ait guère le sens du ridicule, on peut pourtant penser qu'il n'aurait jamais osé exprimer aussi directement son sentiment véritable. Si donc Raymond Picard avait été plus brutal, Roland Barthes aurait été obligé de garder son indignation pour lui. Il y aurait, d'ailleurs, beaucoup à dire sur les idées toutes faites que Roland Barthes semble avoir en ce qui concerne la folie.

41. Voir dans l'*Introduction à la sémiologie* de Georges Mounin son étude sur « La sémiologie de Roland Barthes » (p. 189-197).

ils étaient encore très loin du plein épanouissement qu'ils devaient atteindre ultérieurement. On y trouvait même un honorable talent de chroniqueur intellectuel pour magazines de mode. Malheureusement, on s'est mis à parler de lui comme de l'une des intelligences les plus pénétrantes de notre époque. En très peu de temps on lui a fait une réputation de « grosse tête » et, bien sûr, il a voulu la soutenir. Le drame de Roland Barthes, c'est qu'il n'en avait aucunement les moyens. En fait de « grosse tête », il a, et il le dit lui-même, une tête qui « s'embrouille » [42]. C'est l'esprit le moins vigoureux que l'on puisse imaginer, Il est non seulement incapable de dominer quelque sujet que ce soit, mais même de se livrer à la moindre analyse un peu rigoureuse. Lui-même reconnaît volontiers qu'il n'est pas capable d'une lecture suivie et vraiment attentive, c'est-à-dire d'une lecture digne de ce nom. Alors même qu'il lit un livre « en vue d'un travail », il ne sait pas le « résumer », le « mettre en fiches », mais seulement en « isoler certaines phrases, certains traits », c'est-à-dire le « déformer » [43]. Non content

42. Il y a, dans le *Roland Barthes par Roland Barthes,* un texte particulièrement éclairant. On pourrait même dire qu'il est tout à fait « capital », puisqu'il s'intitule « Ma tête s'embrouille ». Parlant, bien sûr, de son auteur préféré, Roland Barthes nous confie : « Sur tel travail, sur tel sujet (ordinairement ceux dont on fait des dissertations), sur tel jour de sa vie, il voudrait pouvoir mettre comme devise ce mot de commère : *ma tête s'embrouille* ». Et il ajoute, au début du deuxième paragraphe : « Et cependant : *au niveau de son corps,* sa tête ne s'embrouille jamais. C'en est une malédiction : aucun état flou, perdu, second » (p. 179). Ainsi donc, quand il ne lui demande rien, sa tête fonctionne tout à fait bien. A la condition d'éviter soigneusement tout effort intellectuel, Roland Barthes se sent toujours l'esprit très clair. Pourvu qu'il mène une vie purement végétative, il est parfaitement lucide. Les choses ne se gâtent que lorsqu'il essaie de réfléchir. Sa tête ne s'embrouille que quand il s'en sert.

43. A M. Jean-Jacques Brochier qui le complimente : « Une chose me frappe, c'est que vous êtes l'un des rares critiques à dire « j'aime lire » », Roland Barthes répond : « Je ne voudrais pas vous enlever une illusion, d'autant que ce n'en est pas une : j'aime lire. Mais je ne suis pas un grand lecteur, je suis un lecteur désinvolte [...] Ou bien le livre m'ennuie et je le lâche, ou bien il m'excite et à tout instant j'ai envie de l'arrêter pour penser à partir de là. Ce qui se reflète aussi dans la manière de lire en vue d'un travail : je suis incapable, non désireux, de résumer un livre, de le mettre en fiches en m'effaçant derrière lui, mais au contraire très capable, et très désireux, d'isoler certaines phrases, certains traits du livre, pour les ingérer, en tant que discontinu. Ce qui n'est pas une bonne attitude philologique évidemment, puisque cela revient à déformer le livre à mon profit » (« Vingt mots-clés pour Roland Barthes », *Le Magazine littéraire,* fév. 1975, voir *Le Grain de la voix,* p. 208). Puisque Roland Barthes reconnaît de si bonne grâce qu'il pratique couramment la méthode de la

d'avouer qu'il est « assez fétichiste » dans sa façon de lire [44], il avoue même qu'il l'est aussi dans sa façon de penser (si l'on peut dire) et d'écrire. Parlant des mots qu'il emploie le plus volontiers, il ne craint pas de nous confier (bien plus, il y met de la coquetterie) qu'au fond il se soucie assez peu de savoir au juste « ce qu'il entend par ces mots » [45]. Et l'homme qui

citation tronquée et que cela le conduit à fausser les textes, comment peut-il s'étonner, et s'offusquer, quand on le lui reproche ? Mais, bien sûr, M. Brochier n'a pas bronché.

44. C'est ce que Roland Barthes a dit à M. Jean-Louis de Rambures, à qui il avait déjà fait sur sa manière de lire les mêmes confidences qu'à M. Brochier. M. Jean-Louis de Rambures lui ayant demandé quelle était « la part de la documentation dans [son] travail », Roland Barthes lui a répondu : « Ce qui me plaît, ce n'est pas le travail d'érudition. Je n'aime pas les bibliothèques. J'y lis même fort mal. C'est l'excitation provoquée par le contact immédiat et phénoménologique avec le texte tuteur. Je ne cherche donc pas à me constituer une bibliothèque préalable. Je me contente de lire le texte en question, et cela de façon assez fétichiste : en notant certains passages, certains moments, voire certains mots qui ont le pouvoir de m'exalter. A mesure, j'inscris sur mes fiches soit des citations, soit des idées qui me viennent, et cela, curieusement, déjà sous un rythme de phrase, de sorte que, dès ce moment les choses prennent déjà une existence d'écriture » (*Op. Cit.*, voir *Le Grain de la voix*, p. 173). Et il ne craint pas d'ajouter, au début du paragraphe suivant : « Après quoi, une deuxième lecture n'est pas indispensable » (*Ibid.*). C'est lui qui le dit. Pour écrire ce qu'il écrit, une deuxième lecture n'est certes pas indispensable. Mais cette méthode n'est bonne que pour écrire des fariboles. Rien de tel, assurément, qu'une lecture « fétichiste » pour écrire des fichaises. Si Roland Barthes avaient relu Racine avec tout le soin qu'on peut attendre d'un critique qui écrit sur Racine, peut-être aurait-il compris lui-même qu'il valait mieux remballer ses balivernes.

45. Dans le fragment « Mot-mode » du *Roland Barthes par Roland Barthes*. Il mérite qu'on le cite en entier : « Il ne sait pas bien *approfondir* [c'est Roland Barthes qui souligne]. Un mot, une figure de pensée, une métaphore, bref une forme s'empare de lui pendant des années, il la répète, s'en sert partout (par exemple, « corps », « différence », « Orphée », « Argo », etc), mais il n'essaye guère de réfléchir plus avant sur ce qu'il entend par ces mots ou ces figures (et le ferait-il, ce serait pour trouver de nouvelles métaphores en guise d'explications) : on ne peut approfondir une rengaine ; on peut seulement lui en substituer une autre. C'est en somme ce que fait la Mode. Il a de la sorte ses modes intérieures, personnelles » (p. 131).

Citons aussi cette confidence faite à M. Jean-Jacques Brochier, à propos de l'opposition qu'il établit entre « plaisir » et « jouissance » et avec laquelle il nous bassine (on fait le tour de la question en disant que la jouissance est un plaisir très grand) : « L'opposition « plaisir/jouissance » est l'une des oppositions volontairement artificielles, pour lesquelles j'ai toujours eu une certaine prédilection. J'ai souvent essayé de créer de telles oppositions : par exemple entre « écriture » et « écrivance », « détonation » et « connotation ». Ce sont des oppositions qu'il ne faut pas chercher à honorer littéralement, en se demandant par exemple si tel texte est de l'ordre du plaisir ou de la jouissance. Ces oppositions permettent surtout de déblayer, d'aller plus loin ; tout simplement de parler et d'écrire » (« Vingt mots-clé pour Roland Barthes », voir *Le Grain de la voix*, p. 195). Roland Barthes me rappelle ici ma pauvre grand-mère dont il ne fallait surtout pas « chercher à honorer littéralement » les propos : ils étaient généralement dénués de tout sens. Et quand, parfois, perdant patience, j'essayais de lui faire comprendre qu'elle venait de dire une absurdité, je m'attirais invariablement cette réponse désarmante : « C'était pour dire ! ». C'est à peu près ce que dit aussi Roland Barthes.

26

fait de tels aveux, est le même qui proteste quand on l'accuse de dire « n'importe quoi » [46].

Quand un intellectuel de pacotille s'est vu hisser sur le pavois des grands penseurs, il n'a, pour s'y maintenir, d'autre solution que la fuite en avant. Faute de pouvoir compter sur des qualités qu'il n'a pas, il lui faut cultiver ses défauts. Roland Barthes s'y est employé de son mieux. Lui qui reconnaît être un lecteur « désinvolte » et incapable d'analyser sérieusement un ouvrage, il s'est attaché à lire tous les auteurs les plus fumeux de notre temps. Et naturellement il est tombé dans tous les panneaux. Tout ce qui était obscur, lui a paru curieux ; à condition d'être un peu abscons, tout ce qui est absurde, lui a semblé intéressant et intelligent. Sa tête s'embrouillait facilement et il l'a encore encombrée d'une quantité de fariboles de bric et de broc ; il y a entassé en hâte toutes sortes de foutaises, sans parler des théories qu'il s'est empressé de faire siennes, mais qu'il s'est peu soucié de comprendre [47]. Il a fait ainsi de son esprit un

46. Notamment dans *Critique et vérité* : « Le critique ne peut dire *n'importe quoi* », admet-il avec agacement (p. 64) et il indique en note (*Ibid.*, note 1) : « Accusation portée contre la nouvelle critique par R. Picard (*op. cit.*, p. 66) ». Je note, tout d'abord, que Roland Barthes essaie de diluer l'accusation portée par Raymond Picard. Il veut faire croire au lecteur que c'est la « nouvelle critique » tout entière qui est visée dans le texte auquel il fait allusion. Or, s'il est vrai que, dans l'esprit de Raymond Picard, la formule pouvait s'appliquer aussi à une très large partie, pour ne pas dire à l'ensemble, de la « nouvelle critique », il n'en reste pas moins que, dans le passage auquel nous renvoie Roland Barthes, il n'est question que de lui. Voici, en effet, ce qu'a écrit Raymond Picard : « Les lois universelles établies par M. Barthes concernant l'univers racinien s'appliquent en moyenne à deux ou trois des onze tragédies [le jugement de Raymond Picard me paraît ici trop indulgent : bien souvent, je le montrerai, les lois prétendument universelles de Roland Barthes ne s'appliquent, en fait à aucune tragédie] ; les lois de la physique, malgré leur incertitude, me paraissent d'une application plus constante. Le critique transpose le *On ne peut dire vrai sur la nature* de la pensée contemporaine en un *On ne peut dire vrai sur Racine*, et du *Tout peut arriver* de l'indéterminisme moderne il tire une sorte de *On peut dire n'importe quoi.* » (p. 65-66). Dans ces lignes, c'est bien Roland Barthes qui est mis en cause et lui seul. Quand on affecte, comme il le fait, de rejeter avec dédain une accusation, on doit, au moins, la rapporter sans essayer de l'atténuer en quoi que ce soit. Cela dit, lorsque Raymond Picard reproche à Roland Barthes de pratiquer « une sorte de critique métaphorique » (p. 25), lorsqu'il constate qu'« on ne sait [...] exactement quelle signification donner aux termes de *Père* (avec une majuscule), d'*Eros*, de *Faute*, de *Loi*, de *Sang* qui reviennent sans cesse » (*Ibid.*), il ne fait qu'anticiper sur le diagnostic de l'auteur du *Roland Barthes par Roland Barthes* dans le fragment « Mot-mode ».
47. C'est le cas, notamment, des théories qu'il emprunte à la linguistique. M. Georges Mounin constate que, dans les *Mythologies*, « Barthes n'a même pas compris la

27

véritable capharnaüm, une sorte de souk, de marché aux puces, de bazar rempli de balivernes, un bric-à-brac où l'on trouve toutes les âneries à la mode, une espèce de foire à la brocante de la faribole snobinarde. Pour employer un mot qu'il affectionne, l'esprit de Roland Barthes « fonctionne » comme une espèce de tamis, ou plutôt de filtre : il retient toutes les sottises qui sont dans l'air. Celui en qui beaucoup ont cru voir le phare de notre époque, en était seulement le filtre à faribole.

Mais, soyons juste, Roland Barthes n'est pas seulement un revendeur, il n'est pas seulement un ravaudeur de faribole : il a su créer sa propre fabrique. A la différence de beaucoup d'autres, Roland Barthes n'est pas resté une cousette de la sornette : il a su devenir un grand couturier et fonder sa maison en lançant un nouveau modèle. Non content d'habiller de sabir des banalités, non content d'énoncer sentencieusement des sottises, non content de se contredire continuellement, il a pu proposer le modèle de faribole qui répondait le mieux à l'attente de son public : une espèce de babil « labile », de discours pratiquement sans contenu. Comme le note M. Serge Doubrovsky, « à la limite [...] Barthes ne demanderait pas mieux que de jeter tout sens (établi) par-dessus bord » [48]. C'est assurément là que le porte sa pente et il l'avoue [49]. Il n'ose pourtant aller jusqu'à prôner l'absence totale de sens, de peur de rejoindre « la Doxa [qui], elle non plus, n'aime pas le sens » [50]. Faute de pouvoir

théorie saussurienne du signe, et qu'il ne sait réellement pas manipuler les outils concep-tuels dont il se sert » (*Op. cit.*, p. 195). Il note aussi que « dans les Éléments de sémio-logie », six ans plus tard [...] Barthes a fait un effort considérable pour se donner la culture linguistique dont il ne parlait manifestement que par ouï-dire en 1958. Mais on a toujours l'impression qu'il est trop tard et qu'une initiation ratée reste ratée » (p. 196). Par courtoisie, sans doute, M. Mounin s'arrête à une explication qui paraît bien verbale. Si Roland Barthes avait été capable d'assimiler la culture linguistique qu'il a essayé de se donner, on ne voit pas très bien pourquoi il n'aurait pas pu réparer les effets d'une « initiation ratée ».

48. « Une écriture tragique », *Poétique,* septembre 1981, p. 334.
49. Voir, notamment, dans le *Roland Barthes par Roland Barthes*, le fragment « l'exemption de sens » qui commence ainsi : « Visiblement, il songe à un monde qui serait *exempté de sens* (comme on l'est de service militaire) » (p. 90).
50. *Ibidem.*

vraiment « abolir » le sens[51], il faut essayer, selon Roland Barthes, de « l'exténuer »[52], c'est-à-dire de le rendre si ténu qu'il soit pratiquement insaisissable. Son idéal, en la matière, Roland Barthes le décrit dans un autre fragment du *Roland Barthes par Roland Barthes*, intitulé « Le frisson du sens » : « il y a du sens, mais ce sens ne se laisse pas « prendre » ; il reste fluide, frémissant d'une légère ébullition »[53]. En d'autres termes, il faut que le lecteur se dise sans cesse : « L'auteur doit vouloir dire quelque chose, mais quoi ? ».

De fait, le progrès de la pensée barthésienne semble avoir été marqué essentiellement par une raréfaction à peu près constante du sens, lequel, pourtant, n'avait toujours eu déjà que trop tendance à être exsangue. Naturellement imprécise, indécise, incertaine, la pensée de Roland Barthes a tendu à devenir de plus en plus insaisissable, parce qu'elle était de plus en plus inexistante. Son grand problème, c'est qu'il a toujours rêvé d'être un écrivain, de préférence un grand, une sorte de second Proust, alors qu'il n'avait rien à dire. Pour le résoudre, il a commencé par cultiver de façon intensive le paradoxe, en s'inspirant de toutes les balivernes qui, grâce à l'essor des sciences humaines, fleurissaient autour de lui. Mais la solution la plus simple et la plus radicale consistait à se convaincre, et à essayer de convaincre les autres, qu'un écrivain était précisément quelqu'un qui, comme lui-même, n'avait rien à dire. Malheureusement les grandes idées naissent souvent lentement et Roland Barthes a mis un certain temps avant d'apercevoir la véritable solution[54] ; il

---

51. On peut seulement y rêver, on le doit même et Roland Barthes ose écrire : « contre la Science (le discours paranoïaque), il faut maintenir l'utopie du sens aboli » (*Ibid.*).

52. *Ibidem.*

53. P. 101.

54. C'est, me semble-t-il, dans la seconde partie de *Critique et vérité* que cette grande idée a fait sa première apparition : « La critique classique, écrit Roland Barthes, forme la croyance naïve que le sujet est un « plein », et que les rapports du sujet et du langage sont ceux d'un contenu et d'une expression. Le recours au discours symbolique conduit, semble-t-il, à une croyance inverse : le sujet n'est pas une plénitude individuelle qu'on a le droit ou non d'évacuer dans le langage (selon le « genre » de littérature que l'on choisit), mais au

n'a d'ailleurs, comme on vient de le voir, jamais osé aller vraiment jusqu'au bout de sa découverte. Elle lui a néanmoins permis de s'abandonner plus librement à sa vraie pente et de délaisser de plus en plus la faribole agressive, telle qu'elle triomphait dans le *Sur Racine* notamment, avec ses affirmations aussi absolues qu'arbitraires, ses contrevérités éclatantes et ses contradictions continuelles, pour pratiquer des formes de fariboles plus douces et de plus en plus courtes, la raréfaction du sens allant de pair avec le rétrécissement de la forme [55]. Roland Barthes est le grand maître de la sornette en miettes. La faribole-babiole, la baliverne-brimborion, telles qu'on les trouve notamment

contraire un vide autour duquel l'écrivain tresse une parole infiniment transformée (insérée dans une chaîne de transformation), en sorte que toute écriture *qui ne ment pas* désigne, non les attributs du sujet, mais son absence » (p. 70). Il faudrait pouvoir citer, pour en faire l'exégèse, les six pages (p. 70-75) du développement qui commence ici. Ce sont peut-être les pages les plus prétentieuses et les plus absurdes que Roland Barthes ait jamais écrites.

55. Roland Barthes a souvent dit que, s'il avait toujours écrit des textes courts, et de plus en plus courts, c'était parce qu'il avait toujours eu, et de plus en plus, « le goût du fragment ». Voici, par exemple, ce qu'il dit à M. Jean-Jacques Brochier : « Le goût du fragment est en moi un goût très ancien, qui a été réactivé par *R.B. par lui-même*. En relisant mes livres et mes articles, ce qui ne m'était jamais arrivé auparavant, j'ai constaté que j'avais toujours écrit selon un mode d'écriture courte, qui procède par fragments, par tableautins, par paragraphes titrés, ou par articles — il y a eu toute une période de ma vie où je n'écrivais que des articles, pas de livres. C'est ce goût de la forme courte qui maintenant se systématise. Ce qui y est impliqué du point de vue d'une idéologie ou d'une contre-idéologie de la forme, c'est que le fragment casse ce que j'appellerai le nappé, la dissertation, le discours que l'on construit dans l'idée de donner un sens final à ce qu'on dit, ce qui est la règle de toute la rhétorique des siècles précédents. Par rapport au nappé du discours construit, le fragment est un trouble-fête, un discontinu, qui installe une sorte de pulvérisation de phrases, d'images de pensées, dont aucune ne « prend » définitivement » (« Vingt mots-clé pour Roland Barthes », *Le Grain de la voix*, p. 198). Ainsi Roland Barthes prétend qu'il a recours au fragment pour « casser » le discours construit et éviter de « donner un sens final » à ses propos. Il prend vraiment ses lecteurs pour des gogos. Il n'a jamais eu besoin de se forcer ni de « casser » quoi que ce soit pour s'empêcher de construire son « discours ». Après toutes les confidences qu'il nous a faites sur ses méthodes de travail (si l'on peut dire), il serait encore plus difficile de le croire. Il est très facile d'expliquer, au contraire, son « goût » du fragment, par son incapacité à construire et à donner un sens final à ce qu'il dit (est-il besoin d'ajouter que « l'idée de donner un sens final à ce qu'on dit » n'appartient pas seulement, comme Roland Barthes semble le croire, à « la rhétorique des siècles précédents » ?). De même, lorsque Roland Barthes confie à M. Bernard-Henry Lévy : « Je vais de plus en plus vers le fragment. J'en aime du reste la saveur et je crois à son importance théorique. Au point, d'ailleurs, que je finis par avoir du mal à écrire des textes suivis » (« A quoi sert un intellectuel ? », *Le Nouvel Observateur*, 10 janvier 1977, voir *Le Grain de la voix*, p, 260), il met encore la charrue devant les bœufs : ce n'est pas parce qu'il pratique le fragment qu'il a du mal à écrire des textes suivis ; c'est parce qu'il est incapable d'écrire des textes suivis qu'il en est réduit à écrire des fragments.

dans *Le Plaisir du texte*, les *Fragments d'un discours amoureux* et, tout particulièrement, dans le *Roland Barthes par Roland Barthes* [56], voilà la spécialité la plus typiquement barthésienne. On pourrait dire, si l'on voulait parler tout à fait doctement, que le « n'importe quoi », qui a toujours constitué le fond du « discours » barthésien, a tendu de plus en plus à prendre la forme du « quasi que dalle », dont la manifestation la plus mémorable fut assurément la fameuse Leçon inaugurale de la chaire de sémiologie littéraire du Collège de France, prononcée le 7 janvier 1977 devant un parterre où se dressaient la plupart des intellectuels parisiens les plus dans le vent. Si Roland Barthes avait vraiment eu quelque chose à dire, c'était, semble-t-il, le jour ou jamais de le faire. Au lieu de cela, il a prononcé une leçon qui aurait été tout à fait digne de ce nom, s'il s'était agi d'inaugurer une chaire de bla-bla-bla. Personne n'a été capable d'en retenir une idée un peu précise, mais, pour cela justement, les jobarthiens ont « joui » plus que jamais. Alain Robbe-Grillet raconte qu'un journaliste lui ayant demandé : « Mais enfin, qu'est-ce qu'il a dit ? En somme, il n'a rien dit. », il lui aurait répondu : « Mais non, il n'a rien dit, il a glissé sans cesse d'un sens qui se dérobe à un autre sens qui se dérobe aussi ». Et il ajoute : « Et c'est dans ce mouvement même de glissement que résidait justement le fonctionnement du texte, le plaisir que j'avais eu à l'écouter et, par conséquent, son importance » [57]. Comment ne pas être saisi de colère devant une connerie si consternante et pourtant si contente d'elle-même ? L'incroyable stupidité de pareils propos me paraît en tout cas bien propre à justifier la brutalité des jugements que je porte tant sur le Maître que sur ces admirateurs.

Libre à Robbe-Grillet, comme à tous les barthophiles, de bicher comme un pou, de se pâmer d'aise, voire de jouir

---

56. Ainsi que dans les nombreux entretiens qu'il a accordés à des journaux ou à des revues.
57. « Pourquoi j'aime Barthes » par Alain Robbe-Grillet, *Prétexte : Roland Barthes*, p. 257.

sexuellement [58], en écoutant Roland Barthes glisser « sans cesse d'un sens qui se dérobe à un autre sens qui se dérobe aussi » ! Mais qu'on me permette de hausser les épaules, sans être, pour cela, accusé de faire de l'anti-intellectualisme. Ce serait vraiment un comble. Car, si j'avais eu, au contraire, quelque attirance pour l'anti-intellectualisme, alors j'aurais certainement été beaucoup moins indigné par d'aussi révoltantes sottises. Quand on ose se vanter, comme le font Roland Barthes et ses admirateurs, d'écrire ou de prendre plaisir à lire des textes dont le sens « ne se laisse pas « prendre » » [59], quand on prétend même que le sens ne devrait « jamais prendre la forme définitive d'un signe tristement alourdi de son signifié » [60], il faut un extraordi-

---

58. Si j'écoutais un peu régulièrement les coassements des barthaciens sur France-Culture, j'aurais probablement entendu, un jour ou l'autre, l'un d'entre eux prétendre qu'il jouissait *sexuellement* en lisant Roland Barthes. Mais sur France-Musique, que j'écoute souvent, en revanche, on peut aussi entendre parfois quelques stupidités bien senties. C'est ainsi que, le 24 décembre 1981, vers 11 heures du matin, j'ai entendu M. Henri Laborit affirmer qu'il jouissait *sexuellement* en écoutant de la musique ou en regardant certains tableaux (voici les formules que j'ai notées au vol : « Le plaisir sexuel que j'éprouve dans la musique, car c'est un plaisir sexuel [...] » ; Je jouis, sexuellement encore, devant les toiles des impressionnistes »). De deux choses, l'une : ou bien, lorsqu'il écoute de la musique ou regarde certains tableaux, M. Laborit entre en érection, voire parvient à l'éjaculation, et alors, s'il est, en effet, fondé à dire qu'il « jouit sexuellement », il doit aussi quelques précisions à tous les spécialistes (physiologistes, psychologues, sexologues) dont cette confidence a pu éveiller la curiosité ; ou bien, (et c'est bien plus probable), comme tous les gens qui aiment beaucoup la musique, M. Laborit éprouve simplement un grand plaisir à en entendre, et alors comment peut-il dire une chose aussi ridicule ? Mais le plus étonnant n'est pas qu'un tel propos puisse être tenu, ni même qu'il le soit par un homme de science réputé de qui on n'aurait guère attendu une pareille calembredaine ; le plus étonnant, c'est qu'un tel propos n'étonne plus personne. Non seulement la journaliste qui interrogeait M. Laborit, n'a pas songé à lui demander de prouver ce qu'il affirmait (la chose, pourtant, aurait dû être aisée puisqu'ils étaient en train d'écouter de la musique...), mais elle n'a pas plus réagi que s'il avait dit la chose du monde la plus banale. Et je n'ai lu nulle part que quelqu'un eût songé à relever le propos de M. Laborit. Un tel propos tenu à la radio il y a cinquante ans n'aurait pas manqué de susciter quantité de commentaires goguenards dans les journaux et dans les conversations, et son auteur n'aurait plus pu paraître en public sans s'attirer des quolibets. Mais, à l'époque de Roland Barthes, les sottises les plus grotesques passent comme des lettres à la poste.

59. De tels propos me rappellent ceux de beaucoup de théologiens modernes qui, n'osant plus regarder en face les dogmes fondamentaux que l'Église a enseignés pendant tant de siècles, préfèrent dire qu'il faut éviter de figer indûment le contenu de la foi dans des formulations trop précises.

60. « Le frisson du sens », *Roland Barthes par Roland Barthes*, p. 102. Le sens « fluide » que Roland Barthes préconise et qu'il pratique si volontiers, est quasi la règle de tous les écrits que ses admirateurs lui ont consacrés. Les malheureux qui désespèrent de

naire, un monstrueux culot pour taxer d'anti-intellectualisme ceux qui, en fait, entendent dénoncer, derrière le succès de pareilles foutaises, le retour en force de l'obscurantisme.

Qu'elles soient habillées à la dernière mode, ou, au contraire, vêtues à l'ancienne, pour moi, l'absurdité est toujours obscurantiste et la sottise, toujours rétrograde. Ainsi donc je ne veux pas que, faute d'oser me faire un procès d'intention philosophique qui serait particulièrement ridicule, on me fasse un procès d'intention politique. Si je n'entends certes pas me livrer à une opération anti-intellectualiste (j'entends bien, plutôt, défendre les droits de l'intelligence indignement bafoués par Roland Barthes et tous les jobarthiens), je ne crois pas non plus obéir, plus banalement, à quelque réflexe conservateur, voire réactionnaire, lorsque je dénonce les sottises de Roland Barthes, en particulier, ou de la « nouvelle critique », en général. Je ne me propose aucunement de prendre, en ce faisant, le parti de

comprendre la pensée de Roland Barthes en lisant ses livres, redoublent de perplexité lorsqu'ils essaient de trouver quelques lumières dans les numéros spéciaux ou dans les ouvrages qui sont censés en faciliter l'accès. On dirait souvent qu'il s'agit de pastiches de Roland Barthes écrits par des Burnier et Rambaud qui auraient totalement perdu leur esprit critique et leur sens de l'humour. C'est le cas, particulièrement, du livre de M. Stephen Heath, *Vertige du déplacement*, ou de celui de M. Steffen Nordhal Lund, *L'Aventure du signifiant*. Ce dernier ouvrage est, dans son genre, un vrai chef-d'œuvre. Tant par le style que pour la « pensée », M. Lund peut assurément se flatter de nous avoir donné un parfait modèle de débagoulis barthésien. Pour le style, il semble parfaitement avoir assimilé les leçons, admirablement pédagogiques il est vrai, du *Roland Barthes sans peine*. Pour la « pensée », M. Lund se trouvait déjà, naturellement, au niveau requis, c'est-à-dire au degré zéro. Il est, en tout cas, strictement impossible de tirer rien qui ressemble à une idée. Il entend bien, d'ailleurs, écrire pour ne rien dire et il s'en vante dans la quatrième de couverture, une page particulièrement grotesque qui mériterait de passer à la postérité et de figurer, à côté de morceaux choisis du Maître, dans une anthologie de la faribole barthésienne : « [...] Ça parle. Ça nomme. Ça phrase. Partout des chaînes de sens capté. En moi et alentour. Sans relâche. Quoi de plus sûr ? de plus vigilant ? Seule l'écriture ne connaît pas de limites. Depuis quel lieu autre dès lors garder sauf l'or du silence ? Et suprême opprobe : comment signer son titre ?

« Franchir la capture. Forcer le mur du sens fini, et partant, ne rien conclure. Nulle volonté de pouvoir, d'avoir, de savoir. Pas de dernier mot. N'est-ce pas ce qui chez Barthes fait toute l'aventure ? Ce titre vise alors, à travers l'inscription de son étymon (*aventure*, c'est aussi originellement *avenir*), le report toujours ailleurs du signifiant dans l'écriture de Barthes et, conjointement, la désorientation constante de cette pratique même en sa perpétuelle mobilité ». On le voit par ces quelques lignes, M. Lund a pleinement fait siens les grands principes de la fameuse *Leçon* : Balivernes et babil ; jamais rien d'alibile.

la tradition contre celui de la nouveauté. Comment le pourrais-je ? Le plus grand événement de ma vie intellectuelle a été, et restera sans doute, la découverte progressive de l'incroyable absurdité des croyances religieuses dans lesquelles j'avais été élevé. Je sais donc mieux que personne quelle extraordinaire quantité d'effarantes fariboles se sont transmises, et se transmettent encore, par la tradition, de génération en génération. Moins que personne, par conséquent, je ne suis porté à rejeter systématiquement les idées nouvelles, et encore bien moins à défendre systématiquement les idées anciennes. Aucune tradition, fût-elle plusieurs fois millénaire, ne saurait rendre une sottise respectable à mes yeux. Mais les sottises les plus anciennes ont commencé par être nouvelles et tout ce qui s'appuie sur le prestige de la tradition, a d'abord bénéficié de l'attrait de la nouveauté. Il convient donc de se méfier et de l'une et de l'autre et de ne jamais en faire, si peu que ce soit, des critères de vérité. Les sottises sont toujours des sottises et il importe peu qu'elles se réclament de la modernité ou de la tradition. Quand je dénie à un critique le droit de faire dire à un texte ce qu'il ne dit pas, voire de lui faire dire le contraire de ce qu'il dit, c'est au nom de la raison et non pas de la tradition, même si, sur ce texte, la tradition s'accorde avec la raison, ce qui, fort heureusement, est souvent le cas. Mais ça ne l'est pas toujours et lorsqu'il s'agit notamment de textes considérés comme sacrés et censés avoir été inspirés par la divinité, la tradition est souvent de leur faire dire ce qu'ils ne disent pas. Ce n'est pas un hasard si les méthodes de « lecture » des « décodeurs » modernes rappellent si souvent celles de l'exégèse biblique [61].

Que les choses soient donc bien claires : je fais la chasse aux sornettes (que ce soient celles de la tradition chrétienne ou celles de la « nouvelle critique »), je ne fais pas du tout la

---

61. On pourrait faire des rapprochements nombreux et souvent plaisants. J'en ai esquissé un dans un article sur « Thérèse d'Avila et la « lecture décodante » » (*Lettres du Monde*, n° 2, novembre 1978).

chasse aux sorcières. Je n'ai aucunement l'intention de jouer au défenseur de l'ordre moral ou de l'ordre social [62]. Parfaitement mécréant, passablement antimilitariste, très méfiant à l'égard de tous les pouvoirs, depuis que je lis des journaux,

62. Je ne défends même pas, comme M. Louis-Jean Calvet a accusé Raymond Picard de le faire, « l'ordre établi de la critique littéraire » (*loc. cit.*). Mon hostilité aux méthodes et aux « découvertes » de la « nouvelle critique » n'a d'autre raison que leur ineptie. Elle ne vient aucunement d'une prévention aveugle, ou intéressée, à l'égard de la critique universitaire traditionnelle. Je suis loin, en effet, d'admirer sans réserve tous les travaux qu'elle a inspirés et qu'elle inspire encore. Si une relative platitude me semble inhérente au genre même de la critique (j'y reviendrai dans ma conclusion), je reconnais volontiers que certains universitaires pratiquent souvent la platitude avec une application trop soutenue et une conscience trop scrupuleuse. Il est vrai aussi que ses travaux témoignent assez souvent d'une érudition d'autant plus grande qu'elle est gratuite. Il arrive même qu'elle soit nuisible et que la volonté de découvrir dans les textes des allusions encore inaperçues conduise la critique biographique à des interprétations aussi arbitraires, voire aussi absurdes, que beaucoup de celles de la « nouvelle critique ». Je compte d'ailleurs en faire bientôt la démonstration sur un exemple précis. Ce sera pour moi la meilleure façon de répondre à ceux qui m'accusent d'avoir une attitude « sectaire » à l'égard de la « nouvelle critique », d'autant plus que c'est à l'un d'entre eux justement que j'emprunterai cet exemple.

J'ajouterai que Raymond Picard lui-même ne se souciait pas beaucoup de « défendre l'ordre établi de la critique littéraire ». Si M. Louis-Jean Calvet avait pris la peine de s'informer un peu, voire de lire Raymond Picard, il se serait peut-être aperçu, comme Mme Françoise Van Rossum Guyon, que l'auteur de *La Carrière de Jean Racine* s'éloignait « beaucoup plus de la tradition universitaire française que la plupart des nouveaux critiques » (« Nouvelle critique, ancienne querelle », *Cahiers du Sud*, n° 387-388, p. 320). C'était aussi l'avis de Jean Pommier qui voyait en lui « un brillant hérétique » (« La Querelle », *R.H.L.F.*, janvier-mars 1967, p. 86). Bien loin de se situer dans la lignée de Lanson, ainsi que l'ont cru certains journalistes ignorants, comme M. Jean-Jacques Brochier qui écrivait récemment encore : « Il fallait en finir avec Lanson, Faguet, dont les derniers avatars s'appellent Picard, et les notes de blanchisseuses sur Racine [...] » (« Le retour du Père Goriot », *Le Magazine littéraire*, septembre 1982, p. 6), Raymond Picard, a, en effet, très nettement pris ses distances vis-à-vis d'un historicisme qui était jusque-là le trait dominant de la tradition universitaire française. Ayant dû faire, contre son gré, une thèse biographique, il a su profiter de cette occasion forcée pour faire un travail qui « pouvait au contraire constituer une excellente machine de guerre contre la critique biographique », puisqu'il ne laissait « apercevoir aucune relation entre l'homme dont on retraçait le carrière et les tragédies » (*Nouvelle Critique ou nouvelle imposture*, p. 82, note 1). Aussi M. Jean-Jacques Brochier donne-t-il vraiment l'impression de débarquer du dernier train lorsqu'il s'étonne parce que « rien dans cette thèse ne rend compte des tragédies telles que nous les lisons » (« La vieille Critique est mal partie », *Les Temps modernes*, décembre 1965, p. 1143). Le même Jean-Jacques Brochier explique finement l'offensive de Raymond Picard contre le *Sur Racine* par la jalousie. Sa mort lui a, en effet, inspiré cette petite oraison funèbre : « Raymond Picard vient de mourir, qu'une assez médiocre polémique contre Barthes rendit un moment quelque peu — oh, très peu — notable dans le landerneau littéraire. Que voulez-vous, il en avait assez que ses étudiants citent sans cesse le *Sur Racine* de Barthes, et jamais sa thèse à lui, sur le même Racine » (« Critique des critiques », *Le Magazine littéraire*, octobre 1976, p. 41). On pourrait juger ces lignes très déplaisantes ; je les crois surtout très sottes. Que Raymond Picard ait été parfois irrité de voir ses étudiants citer le *Sur Racine*, c'est fort probable (on est aisément irrité de voir citer des sottises) ; mais je ne vois vraiment pas comment il aurait pu être c'est dans *Le Canard enchaîné* que j'ai toujours retrouvé le mieux ce qui me tient lieu de « philosophie » morale et politique. Quoi que certains aient pu dire, il me paraît difficile de nier que *Le Canard* soit un journal de gauche. Cela ne l'empêche pourtant pas de constater que certains intellectuels de gauche sont d'incurables cuistres et d'imbuvables snobs [63]. C'est aussi mon sentiment.

Roland Barthes a toujours affecté de croire, et tous les jobarthiens n'ont pas manqué de faire chorus, qu'il était

dépité de voir qu'ils ne citaient pas sa thèse : il savait mieux que personne qu'ils n'avaient pas lieu de le faire et il devait lui-même les avertir que ce n'était pas la peine d'y chercher, pour l'étude des tragédies, des analyses ou des éléments de commentaires qu'ils pouvaient trouver, en revanche, dans les notices et les notes de son édition de La Pléiade. Je veux bien croire que dans « le landerneau littéraire », celui du moins dont fait partie M. Brochier, le nom de Raymond Picard n'est connu qu'à cause de sa polémique avec Roland Barthes. Mais pour quantité de foutriquets snobinards, Racine lui-même compte bien moins que l'auteur du *Sur Racine*. Enfin, quand M. Brochier affecte de réduire la thèse de Raymond Picard à un relevé de « notes de blanchisseuses » (il le fait dans les trois articles que je viens de citer), il nous montre par là qu'il n'a même pas lu attentivement le *Sur Racine*. En effet, dans la troisième partie du livre, « Histoire ou Littérature ? », après avoir noté que Raymond Picard avait « excellemment défriché » la question de « la condition de l'homme de lettres dans la seconde moitié du XVIIe siècle », Roland Barthes a regretté qu'il n'ait pas fait une plus large part aux problèmes matériels : « Obligé par la primauté de l'auteur de donner autant de soins à l'affaire des Sonnets qu'aux revenus de Racine, Picard contraint son lecteur à chercher ici et là cette information sociale dont il a bien vu l'intérêt » (*Sur Racine*, p. 154). M. Brochier n'a pas de chance : pour Roland Barthes, ce qui manque à la thèse de Raymond Picard, ce sont « les notes de blanchisseuses ».

63. J'en veux pour exemple le compte rendu que M. Jean Clémentin a fait du livre de Mme Catherine Clément, *Rêver chacun pour l'autre*, dans *Le Canard enchaîné* du 14 juillet 1982. « Dans ce livre, écrit notamment Jean Clémentin, où, à la mode des psys, des sémiologues et des nouveaux cuistres, il est beaucoup question de sens, il ne manque que le sens commun ». Je rappellerai aussi que *Le Canard enchaîné* s'est plus d'une fois gaussé des questionnaires que *Le Nouvel Observateur* propose à ses lecteurs pendant l'été en guise de jeux ou de tests. Certains de ces questionnaires sont, en effet, particulièrement grotesques et, comme on pouvait s'y attendre, le nom de Roland Barthes y revient volontiers. Ainsi, dans un « jeu en forme d'examen » qui portait sur « l'année littéraire française » (no du 26 juillet 1980, p. 63), M. Jean-François Josselin proposait aux lecteurs deux questions relatives à Roland Barthes. A la question no 20, il demandait s'il était vrai que Roland Barthes avait « joué le rôle de Thackeray dans *Les Sœurs Brontë* d'André Téchiné ». Mais le ridicule de cette question était relativement léger comparé à celui de la question no 4 dans laquelle M. Josselin demandait si, oui ou non, Roland Barthes avait dit : « De même que la foule me fait peur, de même je me sens exclu du public du Palace... ». La question était particulièrement vicieuse puisque Roland Barthes ajoutait : « ... Aussi n'y vais-je que tard dans la nuit ». Il fallait donc, pour y répondre exactement, être assurément un très fin connaisseur des moindres propos de Roland Barthes, mais il fallait surtout être un singulier connard pour avoir enregistré, sans intention satirique, une déclaration aussi dénuée d'intérêt. Une chose est sûre, de tels questionnaires permettent de mesurer admirablement, à défaut de la culture des lecteurs, le snobisme et la sottise de ceux qui les proposent.

attaqué, non pas parce qu'il disait des sottises, mais parce qu'il dérangeait, parce qu'il inquiétait, parce qu'il effrayait. Son attitude a été particulièrement ridicule et indécente lorsque Raymond Picard a publié *Nouvelle Critique ou nouvelle imposture*. Incapable de faire front et de défendre le *Sur Racine* en restant sur le terrain, c'est-à-dire en répondant sur Racine, il a choisi d'ameuter ses admirateurs, il n'a pas craint de crier à la persécution [64], et de se présenter comme la victime d'une espèce de vindicte collective [65]. Bien

---

64. *Critique et vérité* est sorti dans les librairies en portant le bandeau « Faut-il brûler Barthes ? ». Je ne sais si c'est Roland Barthes qui en avait eu l'idée. Mais, même si ce n'est pas lui, cela n'a pas dû se faire sans son assentiment. Or ce bandeau n'était pas seulement grotesque : il était tout à fait indécent, pour ne pas dire qu'il était indigne. Sans parler de ceux qui ont été effectivement brûlés, ou de ceux qui ont été tués de diverses façons, il y a eu, et il y aura encore, dans l'histoire humaine, trop de gens emprisonnés ou persécutés à cause de leurs écrits, pour que des auteurs qui n'ont jamais couru d'autre risque que de recevoir des blessures d'amour-propre, évitent de poser au martyr. Roland Barthes était d'ailleurs plus mal venu que personne à prendre des airs de saint Sébastien. S'il y a quelqu'un, en effet, qui n'a vraiment pas eu lieu de se plaindre d'être méconnu par ses contemporains, c'est bien Roland Barthes. C'est se moquer du monde, quand on est le grand intellectuel à la mode, que de jouer à l'intellectuel maudit. Il faut beaucoup de culot pour se présenter comme la victime d'une sorte d'ostracisme intellectuel, quand on est la coqueluche d'une large partie des étudiants, des professeurs, des journalistes, des écrivains, des artistes, voire de l'intelligentsia internationale.
65. « Ce qui frappe, dans les attaques lancées récemment contre la nouvelle critique, c'est leur caractère immédiatement et comme naturellement collectif. Quelque chose de primitif et de nu s'est mis à bouger là-dedans. On aurait cru assister à quelque rite d'exclusion mené dans une communauté archaïque contre un sujet dangereux » (*Critique et vérité*, p. 10). Le ridicule de ces lignes n'a pas échappé à M. Jacques Laurent qui nous dépeint Roland Barthes se présentant au public « essoufflé comme s'il venait d'échapper à une exécution rituelle méditée par une communauté archaïque dont le fanatisme était au service de l'obscurantisme, de la régression et du capitalisme » (*Roman du roman*, p. 194-195). M. Serge Doubrovsky atteint lui au grotesque lorsqu'il évoque « l'hystérie collective, le déchaînement de la horde vouant Roland Barthes au bûcher, au pilori, à la décapitation » (*Pourquoi la nouvelle critique*, p. XIII). Pour démontrer le caractère « collectif » de l'offensive menée contre lui, Roland Barthes remarque en note qu'« un certain groupe de chroniqueurs a apporté au libelle de R. Picard un soutien sans examen, sans nuances et sans partage » (*Ibid.*, note 1). Et il énumère alors, pour les inscrire au « tableau d'honneur de l'ancienne critique », les journaux qui ont pris parti pour Raymond Picard. Je note, tout d'abord, que l'admiration béate que Roland Barthes se porte à lui-même, l'empêche une fois de plus d'arriver à concevoir qu'on puisse ne pas la partager du tout. Il considère ingénument qu'il est tout à fait inadmissible d'apporter un soutien « sans nuances et sans partage » au livre de son adversaire : un tel soutien ne saurait être qu'un « soutien sans examen ». En revanche, quand ses amis lui apportent contre Raymond Picard un soutien « sans nuances et sans partage », il ne lui vient pas à l'idée de s'en étonner et de se demander s'il y a eu ou non un « examen ». Et pourtant ! Mais je retiens surtout que, grâce à Roland Barthes, rien n'est vraiment plus commode que de répondre au « libelle » d'un détracteur. En effet, ou bien ce libelle ne rencontre aucun écho dans la presse et dans l'opinion, et alors ce n'est même pas la peine de répondre ; ou bien il rencontre un certain

entendu, l'opération avait, d'après lui, un caractère politique, sinon ouvertement, du moins obscurément, c'est-à-dire, selon un sophisme très utilisé parce que très pratique [66], profondément [67]. A l'en croire, ses adversaires auraient senti confusément que le succès de ses écrits, comme, d'une manière plus générale, l'essor de la « nouvelle critique » ou de la sémiotique, constituait, pour l'ordre social, une sourde, mais sérieuse menace [68]. On aurait donc voulu l'abattre parce qu'on jugeait son influence sournoisement pernicieuse, parce qu'on pensait qu'il sapait insidieusement les assises mêmes de la société bourgeoise et qu'on craignait qu'il ne l'ébranlât.

L'attitude de Roland Barthes est facile à comprendre. Il

écho, et alors il se discrédite ainsi lui-même, et cela d'autant plus que l'écho est plus grand, à cause du caractère évidemment « collectif » que prend par là l'offensive qu'il a lancée. Bien entendu, le même Roland Barthes qui se scandalise du caractère « collectif » de l'attaque menée contre lui, ne voit aucun inconvénient à ce que le soutien qu'on lui apporte, ait un caractère beaucoup plus collectif encore. Car, hélas ! Roland Barthes a eu, et a encore, beaucoup plus de défenseurs que de détracteurs, beaucoup plus d'admirateurs que d'adversaires. Si donc il y a eu, autour de lui, un phénomène collectif, c'est dans le succès qu'il a rencontré bien plutôt que dans les attaques dont il a été l'objet, et ce phénomène a un nom : le snobisme. J'ajoute enfin que Roland Barthes est mal placé pour se plaindre d'être la victime d'une opération prétendument collective quand il se plaît lui-même à dire que ses travaux prennent place « dans l'édification (collective) d'une théorie libératrice du Signifiant » (*Loc. Cit.*).

66. Il permet de se montrer d'autant plus catégorique, pour affirmer ce qu'on veut affirmer, qu'on a, en fait, moins lieu de l'être.

67. « Provenant d'un groupe limité, ces attaques ont une sorte de marque idéologique, elles plongent dans cette région ambiguë de la culture où quelque chose d'indéfectiblement politique, indépendant des options du moment, pénètre le jugement et le langage. Sous le Second Empire, la nouvelle critique aurait eu son procès » (*Critique et vérité*, p. 11-12).

68. C'est aussi ce qu'ont prétendu les défenseurs de Roland Barthes. Ainsi pour M. Louis-Jean Calvet, « lorsque R. Picard, dans *Nouvelle Critique ou nouvelle imposture*, s'attaque violemment à Barthes, il considère son œuvre comme dangereuse parce qu'amorale, anormale, asociale... » (*Op. cit.*, p. 14). Mais c'est M. Calvet qui le dit, ce n'est pas Raymond Picard qui n'a employé, dans son livre, aucun de ces adjectifs. Pour éprouver le violent besoin de s'attaquer au *Sur Racine*, il lui suffisait de bien connaître Racine. S'il regrette de trouver, dans le *Sur Racine*, une sexualité « obsédante, débridée, cynique » (*Nouvelle Critique ou nouvelle imposture*, p. 30), ce n'est pas, comme Roland Barthes feint de le croire, parce qu'elle « choque la morale » (*Critique et vérité*, p, 12), mais bien plutôt parce qu'elle n'est pas dans Racine : « il faut relire Racine pour se persuader qu'après tout ses personnages sont différents de ceux de D.-H. Lawrence » (*Ibid.*, p. 30-31). Raymond Picard n'était certainement pas assez naïf pour croire que les élucubrations de Roland Barthes sur la sexualité racinienne risquaient de dépraver qui que ce soit. Sur ce sujet, comme sur d'autres, l'irréalité des propos de Roland Barthes les rend aussi inoffensifs qu'ils sont ineptes.

est très rare qu'un auteur consente à admettre qu'on lui reproche seulement de dire des sottises. Roland Barthes préfère croire qu'il fait peur. Mais la nature de ses écrits rend cette hypothèse tout à fait loufoque. Ce n'est pas avec des balivernes « labiles » et des fariboles rocambolesques qu'on peut inquiéter qui que ce soit ni ébranler quoi que ce soit. Je doute fort, notamment, que l'audience de Roland Barthes ait jamais causé de souci à un homme politique de droite. Je ne crois guère, non plus, qu'elle ait jamais donné beaucoup d'espoir aux hommes politiques de gauche. Les propos de Roland Barthes n'ayant aucune portée d'aucune sorte, ils ne sauraient avoir de portée politique. Lui-même reconnaît, d'ailleurs, qu'il n'a jamais pris, dans ses écrits, de « positions politiques »[69]. Certains pourront l'en blâmer et d'autres l'en féliciter[70], mais il me semble clair, en tout cas, que cela ne l'autorisait guère à prêter à ses contradicteurs des arrière-pensées politiques.

Si Roland Barthes m'agace, s'il m'horripile, s'il m'irrite profondément, il ne m'inquiète en aucune façon, il ne menace aucune de mes « positions » : il ne heurte en moi ni croyances religieuses, ni système philosophique, ni convictions morales, ni options politiques. Je sais que certains s'étonneront que, n'ayant rien d'autre à reprocher à Roland Barthes que de dire des sottises, je le lui reproche si violemment, et ils resteront sans doute persuadés que j'ai, pour l'attaquer si âprement, des raisons inavouées et peut-être même inconscientes. Mais c'est leur étonnement qui m'étonne. Est-ce donc une chose indifférente que de dire des sottises ? N'est-ce pas une chose indigne, au contraire, et qui

---

69. Ainsi, lorsque M. Bernard-Henry Lévy lui fait remarquer que « contrairement à tant d'autres », il n'a pas derrière lui « d'itinéraire politique », il en convient volontiers : " C'est vrai que, dans mon discours écrit, il n'y a pas de discours politique au sens thématique du mot : je ne traite pas de thèmes directement politiques, de « positions politiques » " (*Op. cit.*, p. 252).
70. Pour ma part, je ne puis que déplorer le silence qu'il a observé sur les événements d'Algérie. Ce silence justifie bien mal, en tout cas, le brevet d'« intellectuel de gauche » que M. B.-H. Lévy (*Ibid.*, p. 253), après beaucoup d'autres, a cru pouvoir lui décerner.

doit soulever notre colère ? Personne n'est obligé d'écrire des livres. Il est, certes, permis de n'avoir rien à dire, mais à la condition de se taire. S'il est vrai que les grands auteurs honorent l'humanité, les fabricants de fariboles et les marchands de sornettes la déshonorent.

Je ne saurais trop le dire, la colère que m'inspirent les balivernes dans le vent de Roland Barthes et de tous les nouveaux cuistres, est de la même nature que celle, très violente, que j'éprouve à l'égard des antiques sottises et des fariboles millénaires transmises par les croyances religieuses et les vieilles superstitions [71]. Les âneries d'un Roland Barthes sont, pour moi, une insulte à l'intelligence humaine, au même titre que les dogmes de la religion chrétienne. Quand Pascal nous dit, dans le fameux fragment du « roseau pensant », que « toute notre dignité consiste donc en la pensée » [72], je lui réponds que c'est justement pour cela qu'il n'aurait jamais dû nous proposer comme des « vérités divines » des histoires à dormir debout. Si la grandeur de l'homme est, certes, de s'interroger sur sa destinée, elle est aussi de ne pas accepter, en guise d'explications, des fables enfantines et des fariboles extravagantes. Mais, si scandaleuse que soit aux yeux de la raison l'absurdité des croyances chrétiennes, on peut du moins comprendre les raisons qui ont poussé, et poussent encore, tant de gens, et jusqu'à des génies tels que Pascal, à s'y raccrocher désespérément. Car, si elles nous proposent une réponse inacceptable, c'est du moins à un problème bien réel. Il y a sans doute des incroyants qui s'en accommodent fort bien, mais, pour ma part, je ne suis pas content du tout de la condition qui nous est faite. On ne peut pas trouver normal, me semble-t-il, surtout à une époque où l'on parle tant, et avec raison, de participation, que nous émergions du néant, dans un coin

71. Tout se passe, hélas ! comme si la quantité d'absurdités dont s'abreuve l'humanité, devait rester toujours à peu près constante. Le terrain perdu par le christianisme dans les pays occidentaux semble avoir été entièrement repris par l'astrologie, la croyance aux ovnis, la parapsychologie, les sectes de toute sorte, Nostradamus, etc.

72. *Pensées* (Lafuma 391, Brunschvicg 347).

d'un univers dont nous ne connaissons pas les limites, pour y retourner, peu de temps après, sans avoir jamais pu entrevoir une seule seconde si tout cela avait un sens. Même si elle est excessivement dramatique et sur certains points bien discutable, la description que fait Pascal de notre condition « faible et mortelle et si misérable que rien ne nous peut consoler lorsque nous y pensons de près »[73], n'en est pas moins, dans ses grandes lignes, profondément vraie. Aussi, bien qu'un rationaliste ne puisse que déplorer et dénoncer l'absurdité de l'explication à laquelle Pascal a cru devoir se rallier[74], il doit reconnaître qu'il y a, à l'origine de la démarche pascalienne, un impérieux besoin d'intelligibilité et un intense sentiment d'insatisfaction qu'il est bien difficile de ne pas partager. Ce qu'il y a d'exaspérant, en revanche, dans les absurdités d'un Roland Barthes, c'est qu'elles sont toujours d'une totale gratuité. Ses foutaises sont toujours d'une parfaite futilité, ses âneries, d'une consternante inanité. Rien de moins nécessaire que les sornettes de Roland Barthes. Ses propos n'ont jamais répondu qu'au seul souci de titiller sa clientèle de foutriquets jobardo-snobinards avec des sottises dérisoires.

Cette clientèle, malheureusement, n'a cessé de s'élargir. Et j'en arrive ainsi à la dernière des raisons qui justifient, à mes yeux, la vivacité, voire la violence, certains diront, et j'en ris d'avance, la « sauvagerie » de mes attaques. Bien que les propos de Roland Barthes aient le don de m'exaspérer pour toutes les raisons que je viens d'évoquer, je n'aurais certainement pas éprouvé le besoin de le dire avec autant d'énergie et d'insistance, si ses écrits n'avaient rencontré que peu d'écho et suscité qu'un intérêt très limité. Mais Roland Barthes passe pour être, aux yeux de quantité de gens, une

---

73. *Pensées* (Lafuma 136 ; Brunschvicg 139).
74. Comme chacun sait, l'injustice apparente de notre condition trouve selon Pascal, son explication dans le mystère du péché originel. Mais l'explication ne fait que déplacer la difficulté : « il faut que nous naissions coupables, ou Dieu serait injuste », dit Pascal (*Pensées*, Lafuma 205, Brunschvicg 489), comme si Dieu pouvait, sans être injuste, nous faire naître coupables !

des « grandes figures de notre temps » [75]. Je reviendrai plus à loisir, dans ma conclusion, sur l'accueil que la critique, et particulièrement la critique universitaire, a fait au *Sur Racine*. Mais il me faut dire, dès maintenant, que je n'aurais jamais usé tant de temps et dépensé tant de patience à démontrer, dans les pages qui vont suivre, que le *Sur Racine* est un livre d'une sottise rarement égalée, du moins dans sa spécialité, la critique littéraire, si ce même livre n'avait rencontré un succès qu'aucun livre de critique n'avait sans doute encore rencontré, du moins en France. Ce n'était pas assez de faire d'un esprit aussi déliquescent un grand intellectuel et un grand critique, « le premier de sa génération », nous dit M. Michel Contat [76], on a même fini par reconnaître à Roland Barthes le brevet d'« écrivain de toujours » qu'il s'était décerné lui-même avec le *Roland Barthes par Roland Barthes* [77]. Dans beaucoup de librairies,

75. C'est, sans doute, la formule qui revient le plus souvent dans les hommages posthumes qui ont été rendus à Roland Barthes. On lit, par exemple, sur la quatrième de couverture, dans le numéro spécial « Sartre/Barthes » de la *Revue d'Esthétique* (nouvelle série, n° 2, 1981) : « Sartre, Barthes : deux grandes figures de notre temps, dont la force de provocation a exercé des effets considérables dans de multiples champs. Le hasard nous invite à les joindre pour un commun hommage. Sans que pour autant nous songions à les confronter. Et pas davantage à mesurer pour chacun son envergure ». Il est plaisant de le constater, les rédacteurs de la revue ont beau se défendre d'avoir jamais songé à « confronter » Sartre et Barthes et « à mesurer pour chacun son envergure », ils n'ont quand même pas pu s'empêcher de faire passer Sartre avant Barthes. Si vraiment ils s'étaient sentis tout à fait incapables de mesurer l'importance respective de Sartre et de Barthes, ils auraient certainement respecté l'ordre alphabétique. Mais, s'ils ont eu raison, assurément, en dépit de leurs propres déclarations, de donner ainsi à Sartre la primauté sur Barthes, ils auraient été mieux avisés de ne pas mettre en parallèle deux auteurs d'une importance aussi inégale. Malgré toutes les erreurs de jugement qu'il a pu commettre, Sartre a laissé une œuvre philosophique et littéraire qui mérite de subsister pour elle-même. On peut penser, en revanche, que la postérité ne s'intéressera aux écrits de Roland Barthes qu'à cause de la vogue qu'ils ont connue, et qu'elle ne verra dans son œuvre qu'un document sur le snobisme d'une époque et un témoignage de plus sur les inépuisables ressources de la sottise humaine.

76. « Roland Barthes, fils libre et inventif de Sartre », (*Le Monde*, 22 octobre 1982).

77. Je ne saurais citer, cela serait beaucoup trop long, les propos de tous ceux qui, journalistes, critiques ou écrivains, ont proclamé Roland Barthes « grand écrivain ». Voici seulement quelques déclarations parmi beaucoup d'autres : « Nous avons choisi d'inaugurer ce dossier par un *Pour Barthes* de Philippe Sollers qui, dès 1971, énonçait cette évidence : que Barthes est l'un des plus grands écrivains de notre temps » (Présentation du « dossier Roland Barthes », *Le Magazine littéraire*, février 1975, p. 8) ; « Les grands écrivains sont de grands perturbateurs », nous dit M. André Brincourt, au début de l'article nécrologique, intitulé « Le grand perturbateur », qu'il a consacré à Barthes (*Le Figaro*, 27

les œuvres de Roland Barthes se trouvent maintenant à côté de celles de Balzac, sur les rayons des grands auteurs français, et, dans tous les lycées, des professeurs de lettres et de philosophie font croire à leurs élèves que les petites foutaises de Roland Barthes font partie des grands textes qu'il faut à tout prix avoir lus.

Non contents de porter aux nues les nullités les plus ridicules, beaucoup de nos contemporains ne craignent pas, pour mieux les exalter, d'abaisser devant elles les plus puissants esprits et les plus grands génies. Les mêmes benêts qui se sont embéguinés d'un Roland Barthes feront volon- tiers la fine bouche devant Hugo ou devant Molière [78]. Mais surtout l'admiration que l'on éprouve pour Roland Barthes semble toujours devoir aller de pair avec un grand mépris pour Voltaire. [79]. La chose, à première vue, peut paraître assez étrange puisque les principales qualités dont les jobarthiens se plaisent à parer leur idole (une intelligence très pénétrante et profondément décapante, une pensée essentiellement démystificatrice), ces qualités sont générale- ment considérées comme des qualités typiquement voltai- riennes. Mais, en réalité, il est tout à fait logique que le même snobisme qui joue en faveur de Roland Barthes, joue aussi contre Voltaire. L'adulation de l'un et le dédain de l'autre sont les deux manifestations extrêmes et complémen- taires d'une même crise de l'esprit critique qui semble être hélas ! aussi générale qu'elle est profonde. Pour pouvoir, comme on le fait, prêter à un Roland Barthes toutes les

mars 1980) ; « Barthes [...] est devenu un grand écrivain classique », déclare Eugène Ionesco à MM. Guy Dumur et Jean-Paul Enthoven (« Ionesco entre deux chaises », *Le Nouvel Observateur*, 25 déc. 1982, p. 18) ; pour Mme Françoise Tournier, Roland Barthes est plus qu'un grand écrivain, c'est « un immense écrivain » (*Elle*, 4 déc. 1978, voir *Le Grain de la voix*, p. 291) ; ce n'est pas encore assez au gré de Mme Suzanne Sontag, pour qui Roland Barthes est « un écrivain encore plus immense que ses plus fervents admirateurs ne le soutiennent » (*L'Écriture même : à propos de Barthes*, p. 11 et quatrième de couverture).
78. En revanche, est-il besoin de le dire ? depuis le *Sur Racine*, plus aucun jobarthien n'ose encore avouer son dédain pour Racine.
79. Il suffit de parcourir les livres et les numéros spéciaux de revues que les admirateurs de Barthes lui ont consacrés, pour s'apercevoir que parmi tous les noms cités, qui vont pourtant d'Aristote à Todorov, on ne trouve jamais celui de Voltaire.

qualités intellectuelles qui lui font le plus cruellement défaut, il faut en avoir à ce point perdu la notion qu'on ne sache plus les reconnaître chez celui-là même qui les a possédées au suprême degré.

Roland Barthes lui-même, comme tous ses autres admirateurs, n'aimait guère Voltaire. Le contraire eût été tout à fait surprenant. S'il y eut jamais une tête qui ne « s'embrouillait » pas, c'est bien celle de Voltaire. Comment Roland Barthes aurait-il pu l'admirer vraiment ? Il lui aurait fallu, pour cela, ne plus faire aucun cas de sa pauvre tête qui s'embrouillait toujours et admettre qu'il valait mieux renoncer à s'en servir, du moins pour écrire des livres. Il a préféré croire qu'il avait la meilleure part. Si l'idéal auquel doit tendre tout écrivain, sans jamais pouvoir y parvenir tout à fait, c'est le « sens fluide », comment, en effet, ne pas se féliciter d'être un Roland Barthes plutôt qu'un Voltaire ? Peut-on être, comme Roland Barthes, le maître des maîtres dans l'art de pratiquer la « dérive » perpétuelle du sens, et ne pas éprouver beaucoup de condescendance à l'égard de ce pauvre Voltaire qui a toujours tout ignoré de ce grand art ?

Finalement, si je devais choisir, entre tous les propos ineptes que Roland Barthes a pu tenir, celui dont la sottise m'a le plus révolté, je me déciderais, sans doute, pour quelques lignes de *Critique et vérité* dans lesquelles Roland Barthes a poussé l'outrecuidance jusqu'à donner à Voltaire des leçons en matière d'ironie. Après avoir prétendu que leurs adversaires ne percevaient jamais l'ironie et l'humour des « nouveaux critiques » (je crains que ce ne soit mon cas), Roland Barthes nous explique, si l'on peut dire, ce qu'est pour lui l'ironie : « Face à la pauvre ironie voltairienne, produit narcissique d'une langue trop confiante en elle-même, on peut imaginer une autre ironie, que, faute de mieux, l'on appellera *baroque*, parce qu'elle joue des formes et non des êtres, parce qu'elle épanouit le langage au lieu de le rétrécir » [80]. On ne s'attendait guère à voir l'ironie

80. *Critique et vérité*, p. 75.

voltairienne qualifiée de « narcissique », alors que cette épithète conviendrait sans doute beaucoup mieux à l'ironie « baroque » de Roland Barthes : il nous a dit lui-même, à la page précédente, que cette ironie était une « auto-ironie ». Mais surtout il est tout à fait piquant de voir l'auteur du *Roland Barthes par Roland Barthes*, le grand spécialiste de la faribole nombriliste, accuser de narcissisme quelqu'un d'autre que lui, et, qui plus est, Voltaire, qui avait, lui, trop de génie pour avoir le temps d'être narcissique. Roland Barthes, il est vrai, semble avoir une conception du narcissisme tout à fait particulière. A ses yeux, un écrivain est narcissique quand il fait trop confiance à la langue. En d'autres termes, le narcissisme, pour Roland Barthes, consiste à savoir ce que l'on dit. Et certes, en ce sens, Voltaire est un écrivain aussi narcissique que Roland Barthes l'est peu.

A l'évidence, si Roland Barthes n'aime pas l'ironie voltairienne, c'est au fond parce qu'il sent fort bien (et, pour une fois, il ne se trompe pas), que cette ironie n'aurait pas manqué de s'exercer à ses dépens, si par malheur Voltaire avait vécu deux siècles plus tard : « ses ennemis, nous dit-il, seraient aujourd'hui les doctrinaires de l'Histoire, de la Science (voir ses railleries à l'égard de la haute science dans *L'Homme aux quarante écus*), ou de l'Existence ; marxistes, progressistes, existentialistes, intellectuels de gauche, Voltaire les aurait haïs, couverts de lazzis incessants, comme il a fait de son temps pour les jésuites » [81]. En prétendant qu'il aurait haï indistinctement tous les intellectuels de gauche et tous les hommes de progrès, Roland Barthes fait à Voltaire un procès d'intention particulièrement injuste [82]. On peut être sûr, en revanche,

81. « Le dernier des écrivains heureux », *Essais critiques*, p. 99-100.
82. Bien entendu, puisque c'est la mode, Roland Barthes, qui se croit lui-même subversif, affecte de considérer Voltaire comme un esprit profondément conservateur. Pourtant, il n'y a sans doute jamais eu d'écrivain qui ait fait avancer autant que Voltaire la société de son temps. Je ne pense pas, en revanche, que les historiens à venir consacreront jamais une seule ligne à l'action subversive exercée par Roland Barthes. Seuls les jobards peuvent croire à la vertu subversive d'une baudruche.

que les grandes foutaises de notre époque, et, au premier rang d'entre elles, la psychanalyse et le structuralisme, auraient trouvé en Voltaire, parce qu'il aurait vu en elles, et à juste titre, les formes modernes de l'obscurantisme, l'adversaire le plus intraitable. Et il n'aurait pas manqué de faire de Roland Barthes sa tête de turc, et de le larder sans cesse des plus cruels brocards. Avec quelle gaieté féroce il se serait gaussé de ce Pangloss en chair et en os !

Ah ! certes, c'est d'un Voltaire, ou d'un Molière, ou plutôt des deux à la fois, que notre époque aurait eu le plus grand besoin. Eux seuls peut-être auraient pu, sinon empêcher, du moins limiter le monstrueux essor des sornettes freudiennes. Eux seuls peut-être auraient pu nous éviter de voir les sciences humaines prendre le relais de la théologie pour nous soûler de sottises et nous saturer d'absurdités. Seuls leur rire et leur ironie auraient pu balayer toutes ces balivernes, les foutaises d'un Foucault, les sornettes d'un Sollers, les élucubrations d'un Lévi-Strauss, les calembredaines d'un Lacan, les fariboles d'un Roland Barthes, qui, depuis quelques décades, ont hélas ! fait de Paris la capitale de la divagation.

II

Un « Racine » inénarrable

Il est très difficile d'écrire sur Roland Barthes [1]. Ses admirateurs ne peuvent que le paraphraser ou le pasticher (52-53) [2]. Ses adversaires ne savent où donner de la tête. Deux solutions opposées s'offrent à eux : ou bien survoler l'ensemble de l'œuvre, en faisant un sort aux sornettes les plus notables, ou bien étudier attentivement un seul texte. La première serait sans doute plus attrayante, mais la seconde m'a paru plus démonstrative et le *Sur Racine* est le livre de Barthes qui s'y prêtait le mieux (53-54). Certes, l'ineptie du *Sur Racine* a déjà été dénoncée, Raymond Picard l'ayant fait immédiatement et vigoureusement. Malheureusement, loin d'enrayer le succès du livre, son cri d'alarme y a puissamment contribué par la polémique qu'il a déchaînée (54-55). L'extraordinaire audience du *Sur Racine* rend maintenant nécessaire une offensive de grande envergure et un examen aussi serré et exhaustif

1. « Un *Racine* inénarrable » reprend le résumé qui figure, après les index, à la fin de ma thèse.
2. Les chiffres entre parenthèses correspondent aux numéros des pages de cette thèse. Je les ai maintenus pour que le lecteur puisse se faire une idée de l'importance respective des différents développements.

que possible (55-56). Mais il aurait été trop long de faire le tour de toutes les contradictions et de toutes les sottises qu'on y trouve. Il a fallu faire des choix (56-57). Heureusement les principales « découvertes » de Roland Barthes sont concentrées dans une quarantaine de pages de la première partie de « L'Homme racinien », « La Structure » (57-59). J'ai ainsi pu centrer mon travail sur l'examen de six grandes « thèses », trois relatives à « l'Eros racinien » (première partie) et trois relatives à « La Relation fondamentale » de la tragédie racinienne (seconde partie), tout en essayant, à partir de là, de ratisser aussi largement que possible les sottises contenues dans le reste du livre (59-60). J'ai voulu en même temps apporter une contribution plus positive aux études raciniennes, en proposant, non pas une «lecture» nouvelle de Racine, mais un certain nombre de précisions et de mises au point (60-61).

Première partie : *L'Eros racinien*

Chapitre I : *Les deux Eros* (63-115).

Fait exceptionnel, la théorie des « deux Eros » repose sur une constatation incontestable : certains amours raciniens sont nés insensiblement pendant l'enfance (c'est « l'Eros sororal ») et d'autres instantanément par un brusque coup de foudre (c'est « l'Eros-Evénement ») (63-64). Mais, loin de s'en tenir à cette remarque banale, Roland Barthes prétend que l'amour racinien relève nécessairement ou de « l'Éros sororal » ou de « l'Eros-Evénement » et il entend expliquer par là sa réussite ou son échec : né en douceur, le premier serait naturellement partagé ; né dans le violence, le second ne saurait l'être. Qu'en est-il ? Le meilleur moyen de le vérifier est de faire ce que Roland Barthes ne fait jamais : un dénombrement entier (64-65). Dans *La Thébaïde*, l'amour partagé d'Antigone et d'Hémon relève sans doute de « l'Éros sororal », mais Roland Barthes n'a pas songé à le prendre en compte. En revanche, l'amour non partagé de Créon, ne relevant certainement pas de « l'Eros-Evénement », contredit déjà sa thèse (65-66). Dans *Alexandre*, si les cas de Taxile, d'Axiane et de Porus sont incertains, l'amour partagé d'Alexandre et de Cléophile ne saurait être « sororal » (66-67). Dans *Andromaque*, des trois amours non partagés seul celui de Pyrrhus peut être considéré comme immédiat et celui d'Oreste est nettement « sororal » (67-69). *Britannicus*, avec l'amour partagé et « sororal » de Junie et de Britannicus, et l'amour immédiat et malheureux de Néron, est la première tragédie conforme au schéma de Barthes qu'elle pourrait avoir inspiré. Mais l'amour immédiat de Néron est aussi et surtout (c'est le seul cas chez Racine) tout neuf et pourrait n'être qu'une passade (69-71). Sur *Bérénice*, les propos de Barthes sont aussi incohérents qu'arbitraires. En considérant comme « sororal » l'amour d'Antiochus, non seulement il contredit le texte, mais il ne pourrait avoir raison que contre sa propre thèse, puisque cet amour n'est pas partagé. Mais, même s'il n'avait pas fait cette erreur, la pièce n'en suffirait pas moins à ruiner sa théorie, en prouvant que l'amour immédiat peut être aussi heureux (Titus et Bérénice) que malheureux (Antiochus) (71-75). *Bajazet*, avec l'amour partagé et « sororal » d'Atalide et de Bajazet, et l'amour immédiat et malheureux de Roxane, est la seconde (et la dernière) tragédie conforme au schéma barthésien. Mais la jalousie maladive d'Atalide contredit l'analyse de Barthes pour qui « l'Eros sororal » ne reçoit jamais « de contrariété que de l'extérieur de lui-même » (75-77). Dans *Mithridate*, si le cas de Mithridate est conforme au schéma barthésien, celui de Pharnace est incertain et celui de Monime et Xipharès est ambigu, leur amour partagé semblant relever à la fois de « l'Eros sororal » et de « l'Éros-Evénement » (77-79). Dans *Iphigénie*, si l'amour malheureux d'Eriphile relève bien de « l'Eros-Evénement », le cas de l'amour partagé d'Iphigénie et d'Achille semble à la fois incertain et ambigu (79-82). Dans *Phèdre*, si l'amour de Phèdre est conforme au schéma barthésien, celui d'Hippolyte et d'Aricie le contredit complètement, puisqu'il est à la fois partagé et immédiat (82-84). Quant à *Esther* et à *Athalie*, il n'y a pas lieu d'en tenir compte. De toute façon, l'amour immédiat d'Assuérus ne s'accorderait pas avec la thèse de Barthes et comment croire comme il le prétend, qu'Athalie est amoureuse d'Eliacin ? (84-86). Si on fait les comptes, on constate qu'avec les cas incertains, les cas ambigus et ceux qui le contredisent, dix-huit personnages d'amoureux raciniens (sur trente-et-un) n'entrent pas dans le schéma barthésien. Sur les treize qui restent, il n'y en a que sept dont l'amour a une naissance nettement « sororale » ou immédiate, et quatre seulement qui répondent vraiment à la description de Barthes (87-89). On peut pourtant parler d'une relative réussite de « l'Eros-sororal » et peut-être même d'un très relatif échec de « l'Eros-Evénement » (89-90). Encore faudrait-il que le fait soit significatif (90-91). Or l'apparente réussite de « l'Eros-sororal » n'a pas besoin d'explication. Peut-on s'étonner qu'un amour partagé soit une relation plus stable qu'un amour non partagé ? En expliquant la réussite de « l'Eros sororal » par sa durée, Roland Barthes prend seulement l'effet pour la cause (91-93). Quant à « l'Eros-Evénement », s'il peut donner une impression d'échec, cela tient surtout à ce que les figures les plus marquantes de l'amour racinien sont celles de l'amour non partagé, qui, il est vrai, est le plus souvent un amour immédiat (94). Rien d'étonnant à cela. Un amour non partagé constitue une situation de crise qui ne peut guère, sauf raisons particulières, durer depuis longtemps (95-97). Racine était ainsi amené à lui prêter une naissance très rapide et que le récit abrège encore, ni les personnages qui vivent la journée tragique, ni le dramaturge dont, contrairement au romancier, le temps est strictement compté, n'ayant le loisir de s'attarder sur le passé (97-99). L'idée d'expliquer la réussite ou l'échec de l'amour par le caractère « sororal » ou immédiat de sa naissance aurait sûrement semblé à Racine tout à fait saugrenue. L'amour immédiat (Titus et Bérénice, Hippolyte et Aricie) peut être payé de retour comme l'amour « sororal » (Junie et Britannicus, Atalide et Bajazet). L'échec de l'amour peut être inexplicable, sinon par les raisons mystérieuses du cœur, qu'il soit immédiat (Antiochus) ou « sororal » (Oreste). Mais, le plus souvent, cet échec s'explique simplement par le fait qu'il se porte sur un être qui aimait déjà ailleurs et rien n'est plus absurde alors que de vouloir expliquer par le caractère immédiat de sa naissance l'échec d'un amour condamné à l'échec avant même de naître (99-101). Il n'y a donc rien à retenir de la théorie des « deux Eros » (101-102). D'ailleurs, Roland

Barthes lui-même semble parfois, dans le seconde partie de « l'Homme racinien », ne plus bien s'en souvenir (102-103). En revanche, ce premier examen d'une des grandes théories du *Sur Racine* nous révèle déjà très largement les trois défauts majeurs du livre : le mépris des textes, l'incohérence et l'irréalité des propos (103). Ce dernier trait apparaît encore mieux, lorsque, en annexe à la théorie des « deux Eros », Barthes nous propose celle de la « haine physique ». Racine aurait montré, dès *La Thébaïde*, que la haine, comme « l'Eros-Evénement », naissait immédiatement, à la seule vue du corps d'autrui (103-105). Certes Racine a prêté à la haine d'Etéocle et Polynice un caractère profondément viscéral. Mais, loin de proposer une explication générale de la haine, il a voulu souligner ainsi le caractère humainement inexplicable d'une haine envoyée par les dieux. Loin d'anticiper sur les découvertes de la psychologie moderne, comme le prétend Barthes, Racine a suivi trop servilement la légende antique (105-109). Et, de fait, il s'est bien gardé de renouveler son erreur. D'ailleurs, Barthes ne s'est ressouvenu de sa théorie qu'à propos d'*Esther*, et pour bien peu de temps puisque, aussitôt après avoir affirmé que la haine d'Aman pour Mardochée était « toute pure », il a poussé l'inconséquence jusqu'à en rappeler lui-même la véritable raison (109-110). Quel homme a jamais éprouvé le coup de foudre à l'envers décrit par Barthes ? Si la haine peut être *aussi* physique, elle ne l'est pas *d'abord* ni essentiellement, et il est parfaitement extravagant de prétendre que le corps y joue le même rôle que dans l'amour (110-114). Concluons donc que la théorie des « deux Eros » est totalement gratuite et passablement absurde (114-115).

Chapitre II : *La « scène » érotique* (116-203).

Exposée au début du chapitre « La « scène » érotique », la deuxième des trois grandes théories relatives à « l'Eros racinien » a déjà été annoncée à la fin du chapitre « Les deux Eros », quand Barthes affirme que l'Eros-Evénement « reproduit indéfiniment la scène originelle qui l'a formé » (116). Mais, entre temps, le chapitre « Le Trouble », en présentant « l'Eros racinien » comme étant essentiellement une source de trouble et de souffrance, a mal préparé le lecteur à découvrir, dans « La « scène » érotique », qu'il est une source de paix et de bonheur. Barthes essaie de prévenir l'objection, en disant qu'il est malheureux dans la rencontre effective, et heureux dans le souvenir. Mais comment cela se peut-il puisque le souvenir, dans la « scène érotique », ne fait que reproduire exactement la rencontre originelle ? (116-118). Selon Barthes, en effet, et c'est là la découverte de « la « scène » érotique », on reconnaît « l'Eros racinien » à ce qu'il revit sans cesse la scène de sa naissance dont le souvenir, toujours disponible, se présente comme un *tableau* (118-119). A l'appui de sa thèse, Barthes invoque les exemples de Néron, d'Eriphile, d'Andromaque, de Bérénice, de Phèdre et ... d'Athalie qui revit en songe (la prémonition étant « mythiquement » une rétrospection) la naissance de son amour pour Eliacin (119-120). Cela ne fait donc que six exemples (sur trente et un cas) dont un seul, celui de Néron, semble, en réalité, conforme aux propos du critique, pour mieux d'ailleurs en faire éclater l'absurdité (120). Ecartons d'abord l'exemple d'Athalie. L'attendrissement, suscité par Dieu pour la perdre, que lui inspire la vue de celui qui est, en fait, son petit-fils, ne peut être considéré comme « érotique » (120-122). Si le songe est un des « moments réussis de l'érotique racinienne », comment expliquer « l'horreur » qu'il inspire à Athalie ? (122-123) De plus, outre qu'il est arbitraire d'assimiler un songe prémonitoire à un souvenir, et que l'on peut, qui plus est, « rappeler à loisir », Barthes en gomme l'élément capital : le dénouement (123-124). L'exemple d'Andromaque qui revit la nuit de la prise de Troie, n'est guère moins déconcertant. Peut-on mettre sur le même plan « l'aigreur » et « le plaisir » et considérer comme un souvenir rappelé à loisir une obsession à laquelle on ne peut échapper ? (125-127) Peut-on assimiler la naissance de la haine à celle de l'amour ? La haine d'Andromaque a été immédiate et elle est née de la vue. Mais elle aurait éprouvé la même chose pour quiconque se serait présenté à elle comme l'a fait Pyrrhus (127-128). De ce que l'amour bafoué peut tendre à se changer en haine (ainsi chez Hermione ou Pyrrhus), il ne s'ensuit pas que la « haine ne suit pas d'autre procès que l'amour » (128-129). S'appuyant sur la tirade que prononçait Andromaque à l'acte V dans l'édition de 1668, Jules Lemaître, suivi par d'autres critiques, a suggéré que primitivement Andromaque tombait amoureuse de Pyrrhus après sa mort. Racine aurait voulu ensuite supprimer cet amour en supprimant la tirade, mais tout ce qui la préparait étant resté, il en résulterait une impression un peu ambiguë (129-130). Pour supprimer un « lamento » tragique assez incongru, le dénouement, pour Andromaque, étant inespéré, Racine, loin d'avoir songé à la rendre amoureuse, n'avait même pas besoin de craindre qu'on le crût (130-132). Les propos de Pylade et de Cléone démentent d'ailleurs cette hypothèse (132-133). Certes, Andromaque semble haïr en Pyrrhus l'homme du passé plutôt que l'homme actuel qui regrette ce qu'il a fait et qui lui inspire une indéniable estime (133-135). Il le fallait bien pour qu'elle pût songer à lui

54

laisser son fils. Mais Racine n'avait aucune raison de lui prêter un amour qui aurait rompu la rigueur d'un schéma tragique constitué par une chaîne d'amours non partagés. La seconde Préface ne laisse d'ailleurs aucun doute sur ses intentions (135-136). Les propos de Barthes à ce sujet sont particulièrement déconcertants : il évoque d'abord la haine (« physique » et donc totalement incompatible avec l'amour) d'Andromaque pour Pyrrhus ; dix-huit pages plus loin, il déclare se rallier à l'opinion de ceux qui la croient amoureuse de lui ; enfin trente-trois pages plus loin, il affirme qu'elle « est exclusivement définie par sa fidélité à Hector ». En se contredisant lui-même, il peut contredire deux fois Racine, tantôt en prêtant à Andromaque de l'amour pour Pyrrhus, tantôt en prêtant à sa haine un caractère physique et viscéral (136-138). Enfin, pour définir un caractère général de l'amour racinien, Oreste, Hermione ou Pyrrhus auraient mieux convenu qu'Andromaque. Mais aucun d'eux ne fait jamais ce que chacun devrait faire sans cesse (138). Les autres exemples sont du moins ceux de personnages amoureux et qui évoquent effectivement l'être aimé. Mais justifient-ils les propos de Barthes ? Certainement pas celui de Bérénice qui repose sur une erreur monumentale : la « scène » qu'évoque Barthes et qu'il croit être celle du triomphe de Titus, est celle de l'apothéose de Vespasien, et surtout il confond cette scène, qui a eu lieu la nuit même précédant la journée tragique, avec celle de la naissance d'un amour vieux de cinq ans (138-143). Même erreur chez M. Borgal, inspiré sans doute, comme peut-être Barthes, par une lecture imprudente de M. Starobinski, qui, superposant le récit de Bérénice, celui de Néron et celui d'Andromaque, attribue à tort à cette scène un rôle capital dans la décision de Titus (143-147). Dans *Bérénice,*aucun personnage ne raconte la naissance de son amour comme une « scène ». Barthes ne peut donc opposer Bérénice et Titus sur ce point et en conclure que Titus n'aime pas Bérénice (147-149). Barthes ose dire que « la symétrie du *invitus invitam* antique » est tout à fait trompeuse. Mais c'est Racine qui, citant librement Suétone au début de sa Préface, a fait un sort à cette formule et l'a rendue célèbre (149-151). Rien dans la pièce n'autorise l'interprétation de Barthes. Tout s'y oppose, les propos de Bérénice comme ceux de Titus (151-152). Dans les trois exemples qui restent, Néron, Eriphile et Phèdre revivent bien la naissance de leur amour. Mais ils sont les seuls à le faire et il est facile d'expliquer pourquoi ils le font (152-154). Eux-mêmes, d'ailleurs, ne font pas vraiment ce que devraient faire tous les amoureux raciniens. Aussi, à propos de Phèdre, Barthes évoque-t-il l'aveu à Hippolyte, et non l'aveu à Œnone, alors que c'est dans celui-ci seulement qu'elle revit la naissance de son amour. Malheureusement, loin de revoir un *tableau*, elle revit le trouble qui, aussitôt, lui a brouillé la vue (154-156). Le récit d'Eriphile ne saurait, non plus, constituer un tableau (156-157). Barthes n'en a, d'ailleurs, retenu que le seul détail qui fasse image, le bras ensanglanté, prétendant que l'imagination d'Eriphile éliminait tous les « éléments érotiquement inutiles ». Le contresens est total, tout le récit étant construit sur une antithèse entre l'horreur inspirée d'abord par le bras ensanglanté et l'amour inspiré ensuite par la découverte d'un visage qui n'a « rien de farouche » (157-159). Barthes invoque à tort (avec beaucoup d'autres, il est vrai), les vers d'Iphigénie accusant Eriphile d'avoir été séduite par les exploits sanglants d'Achille : il oublie qu'elle ne connaît que le début de son récit (159-162). Seul le récit de Néron, qui a sans doute inspiré la théorie de Barthes, fait penser à un tableau. Mais peut-on parler d'un souvenir rappelé à loisir (il ne sera plus rappelé), voire d'un souvenir (la scène a eu lieu quelques heures plus tôt) ? (163-164). Pour Néron, l'histoire de son amour se réduit encore à celle de sa naissance. Mais, loin de s'interroger sur la profondeur de son amour, Barthes le prend très au sérieux (165-166). Le caractère très théâtral de son récit ne lui semble point suspect. Aussi bien nie-t-il totalement le cabotinage de Néron que Racine a pourtant tellement souligné (166). « Néron parle peu », dit Barthes. Il parle beaucoup, au contraire, et surtout, plus que tout autre personnage de

Racine, il s'écoute sans cesse parler. Les premiers vers qu'il prononce (acte II, scène 1) sont à cet égard très révélateurs : il joue à l'empereur (167-169). Resté seul avec Narcisse, Néron donne l'impression de changer soudain de rôle : il annonce qu'il vient de tomber amoureux avec une emphase presque grotesque et il s'écoute faire le récit de l'événement avec une évidente complaisance (169-171). C'est d'une manière très théâtrale encore qu'il offre sa main à Junie ou qu'il feint de se réconcilier avec sa mère (172-173). Burrhus et Narcisse qui savent bien qu'il est un cabotin, s'en servent pour l'influencer (173-174). Barthes prétend que Néron a voulu que la mort de Britannicus fût la moins théâtrale possible. C'est pourtant dans la mise en scène de cette mort que Néron, homme de théâtre, donne toute sa mesure (175-179). Le cabotinage de Néron incite donc à douter fortement de la sincérité d'un amour qui n'a d'ailleurs dans la pièce qu'une place secondaire (179-180). Datant de quelques heures, il ne saurait être à l'origine d'une crise qui couve depuis dix-huit mois (180-181). Il n'est même pas l'étincelle qui la fait éclater. C'est Agrippine qui a mis le feu aux poudres, en se déclarant en faveur du mariage de Britannicus et de Junie (181-183). Néron riposte en enlevant Junie et en prétendant l'épouser (183-185). La vue de Junie a certes troublé Néron, mais les circonstances y sont pour beaucoup, ce que souligne justement le caractère pictural de sa description (185-189). Moins naïf que Barthes, Burrhus refuse de croire à la profondeur d'un amour qui ne trouve jamais les accents émouvants qu'ont pourtant si souvent les amants raciniens (189-191). Tout au long de la pièce, c'est l'amour-propre, et non l'amour, qui explique les décisions de Néron, qu'il fasse arrêter Britannicus ou que, oubliant complètement Junie, il accepte de se réconcilier avec lui (191-193) ; c'est lui seul, et non la crainte, ni la jalousie, qui permet à Narcisse de ramener Néron dans la voie du crime (193-200). Quant au « désespoir » final de Néron, il pourrait n'être qu'une ultime comédie (200-202). Ainsi Néron qui paraît d'abord le seul amoureux racinien à se comporter comme devraient se comporter tous les amoureux raciniens, si Barthes avait raison, ne le fait que parce qu'il est le seul à ne pas être vraiment amoureux (202-203).

Chapitre III : *Le* tenebroso *racinien* (204-281).

La théorie de la « scène érotique » n'occupe que le début du chapitre qui porte ce titre. On y trouve ensuite une théorie qui aurait dû faire partie du chapitre suivant, « Le *tenebroso* racinien », et c'est le nom que nous lui donnerons (204). La « scène érotique » explique la naissance de l'Éros-Événement en même temps qu'elle la décrit. Si l'on y trouve toujours « un combinat d'ombre et de lumière », c'est que l'amour y est toujours inspiré par un être « d'ombre » à un être « solaire », par une « captive » à un « tyran » qui trouve en elle la « paix » et la « respiration ». Et Barthes cite un certain nombre d'exemples pour montrer que « partout, toujours, la même constellation se reproduit du soleil inquiétant et de l'ombre bénéfique ». Examinons-les (204-206). « Alexandre solaire aime en Cléophile sa prisonnière », dit Barthes. Mais s'il avait aimé en Cléophile sa prisonnière, et non Cléophile en sa prisonnière, comme le dit le texte, il ne lui aurait pas rendu sa liberté ou il aurait cessé de l'aimer (206-207). Le deuxième exemple est celui de Pyrrhus qui, « doué d'éclat, trouve dans Andromaque l'ombre majeure, celle du tombeau ». Mais c'est Barthes qui le dit, et non Pyrrhus qui attribue son amour à « l'éclat victorieux » d'Andromaque qu'il verrait mieux sur le trône que dans un tombeau (207-208). « Pour Néron incendiaire, poursuit Barthes et ce troisième exemple a sans doute inspiré toute sa théorie, Junie est à la fois l'ombre et l'eau (les pleurs) » (208-

209). La justification saugrenue (c'est un incendiaire) du caractère « solaire » de Néron, qui fait d'ailleurs appel à un fait dont il n'est pas question dans la pièce, montre bien à quel point cette catégorie est élastique (209-212). Bien qu'il exerce le pouvoir absolu, on ne peut mettre Néron sur le même plan qu'Alexandre et voir un être « solaire » dans un personnage aussi sournois et aussi noir (212-214). Quant à Junie, les trois citations que Barthes invoque pour en faire un être d'ombre, n'ont pas du tout le sens qu'il leur donne (214-216). Quant à ses larmes, point n'est besoin pour les expliquer de voir en elle un être d'eau. Ni Néron ni Britannicus ne semblent d'ailleurs avoir ce sentiment et le rapprochement que Barthes fait entre eux à ce sujet, montre toute l'incohérence de sa pensée (217-221). Contestée par Raymond Picard, l'affirmation que Néron cherche la « respiration » aux pieds de Junie, reste indéfendable, bien que, et c'est la seule fois, Barthes ait essayé de se justifier sur ce point (221-224). « Bajazet est un être d'ombre, confiné dans le sérail », continue Barthes, oubliant qu'il faut être deux pour faire un couple. Il a préféré escamoter Roxane dont le caractère solaire ne lui semblait pas assez évident. D'ailleurs, dans son étude de *Bajazet*, il dira qu'elle désire un captif « d'autant plus qu'elle est elle-même captive », ne craignant pas de se contredire au point d'expliquer ainsi par la similitude ce qu'il avait jusque-là prétendu expliquer par la complémentarité (224-228). Quant à Bajazet, il est si peu un être d'ombre qu'Amurat ne l'a mis à l'ombre que pour éviter qu'il ne lui fît de l'ombre (228-229). « Mithridate compense tout le large de ses expéditions guerrières par la seule captive Monime ». Avec ce cinquième exemple, nous retrouvons du moins un couple. Mais Barthes contredit lui-même sa thèse puisqu'il semble lier l'amour de Mithridate pour Monime à l'affaiblissement de sa « solarité »(229-232). De plus, si, à défaut de l'être vraiment, Monime se sent et se dit « captive », c'est seulement parce qu'elle doit épouser Mithridate, alors qu'elle aime Xipharès. Sa « captivité » ne peut donc être la cause de l'amour de Mithridate, puisqu'elle en est la conséquence (232-233). « Phèdre, fille du Soleil, désire Hippolyte, l'homme de l'ombre végétale, des forêts », dit ensuite Barthes. Mais c'est à Athènes qu'elle est tombée amoureuse, et, si Hippolyte est l'homme des forêts quand il chasse, il est l'homme des grands espaces découverts quand il court sur son char ou dresse des chevaux sauvages (233-236). Loin de voir en Hippolyte un être d'ombre, Phèdre a été éblouie par l'éclat d'une beauté et d'une jeunesse particuliè-rement rayonnantes (236-240). Outre que l'ascendance de Phèdre n'est pas seulement solaire, ce n'est pas elle qui explique son amour, mais c'est à cause de cet amour qu'elle est obsédée par son ascendance solaire (240-241). A l'écouter, dans la scène 6 de l'acte IV, c'est elle qui est un être d'ombre tandis qu'Hippolyte et Aricie sont des êtres de lumière (242). Le septième exemple est celui de « l'impérial Assuérus [qui] choisit la timide Esther dans l'ombre élevée ». Mais Barthes oublie qu'Assuérus ignore comment Esther a été élevée. Dans son étude d'*Esther*, il prétend que « solaire, [Assuérus] trouve dans Esther l'ombre, la matité d'un visage sans fards, une brillance tempérée de larmes ». Mais, outre que la matité et la brillance ne peuvent guère se trouver ensemble, Assuérus n'a jamais vu les larmes auxquelles Barthes fait allusion et l'éloge qu'il fait d'Esther contredit totalement les propos du critique (243-245). Le dernier exemple est celui d'Athalie qui « s'émeut d'Eliacin, captif du temple ». Mais, pour le prendre en compte, il faudrait d'abord pouvoir admettre qu'Eliacin est bien « captif », ce qui ne semble pas du tout être son sentiment. Enfin le caractère ombreux que lui prête Barthes, est démenti par la « robe éclatante » qui a frappé Athalie, ainsi que par les images dont les autres se servent pour parler de lui (245-247). Faisons les comptes. La nouvelle critique ne les aime guère. M. Doubrovsky n'apprécie pas que Raymond Picard reproche à Barthes d'oublier *Bérénice* et *Iphigénie* (lui faisant grâce de *La Thébaïde*) et il prétend retrouver le « même rapport ombre-soleil » entre Bérénice et Titus, com-me entre Eriphile et Achille (247-249). A l'unique vers qu'il cite pour faire de Bérénice un être d'ombre, il est facile d'en opposer d'autres. Mais il oublie surtout que Barthes nie l'amour de Titus. L'exemple d'*Iphigénie* est encore plus fâcheux : cette fois, dit-il, « c'est l'ombre qui aspire au soleil » ; mais, pour Barthes, c'est toujours le soleil, inquiétant, qui aspire à l'ombre, bénéfique, et jamais l'inverse (249-251). Imitant M. Doubrovsky, on pourrait d'ailleurs citer bien d'autres cas qui contredisent la thèse de Barthes. « Partout, toujours », dit Barthes ; l'examen des textes oblige à dire « nulle part, jamais » (251-253). Barthes, de plus, se contredit lui-même. Après avoir tant insisté sur le caractère instantané de la naissance de l'Eros-Evénement, voilà qu'il fait intervenir des éléments qui n'ont pu jouer qu'après l'Evénement ! Voilà que l'éblouissement visuel du coup de foudre est provoqué, chez un être solaire, par un être d'ombre ! Voilà que l'amoureux cherche la paix et la détente auprès de l'être qui jusque-là était censé ne pouvoir lui apporter que le trouble et la panique (253-256). Contredisant les propos antérieurs de Barthes, la théorie du *tenebroso* racinien sera elle-même contredite par certains propos ultérieurs, notamment lorsque, sous prétexte que chez Racine le verbe « aimer » est quelquefois employé intransitivement, Barthes prétendra que l'amour y « est une force indifférente à son objet », affirmation que Phèdre, comme tous les amoureux raciniens, et sans doute tous les amoureux du monde, aurait jugé parfaitement stupide (256-261).

Mais l'explication que Barthes nous propose de l'amour racinien s'inscrit dans le cadre d'une théorie générale des rapports de l'ombre et de la lumière chez Racine. Si l'amour racinien va toujours d'un être solaire à un être ombreux, c'est parce que, contrairement au symbolisme le plus répandu, chez Racine, le soleil, à cause de sa « discontinuité », représenterait toujours le mal et le malheur, tandis que l'ombre, à cause de sa nature « étalée », représenterait toujours le bien et le bonheur (261-262). Pour prouver que « l'apparition quotidienne de l'astre est une blessure infligée

62

au milieu naturel de la Nuit », Barthes invoque l'apostrophe de Jocaste au soleil et le vers, souvent cité, d'une lettre d'Uzès : « Et nous avons des nuits plus belles que vos jours ». Mais, replacées dans leur contexte, ces deux citations contredisent exactement la thèse qu'elles sont censées étayer (262-264). Et, si l'on fait le travail que Barthes n'a pas fait, on s'aperçoit que l'ombre et la nuit, chez Racine, sont inquiétantes et maléfiques bien plus souvent que rassurantes et bénéfiques (264-268), tandis que le jour et le soleil, non seulement ne sont jamais ni inquiétants ni maléfiques, mais symbolisent très souvent le bien et le bonheur (268-270). Barthes essaie bien de distinguer le « soleil », toujours meurtrier, et le « jour », qui représenterait la « lumière heureuse ». Mais les personnages de Racine, bien loin de jamais songer à les distinguer, ont l'habitude, fort naturelle, de les associer (270-271). Enfin, lorsque Racine établit lui-même une opposition entre l'obscurité et la lumière, l'ombre est toujours maléfique et le soleil toujours bienfaisant (272-274). Le symbolisme de l'ombre et de la lumière que l'on trouve chez Racine, est donc toujours conforme au symbolisme traditionnel, et n'est jamais celui, inversé, qu'a cru découvrir Barthes. Aussi, lorsque M. Doubrovsky, voulant défendre Barthes contre Raymond Picard, croit devoir rappeler à celui-ci que le tragique racinien a su atteindre le « tuf archaïque » et toucher « les grandes fibres archétypales qui commandent nos émotions », c'est à Barthes qu'il aurait dû le rappeler. C'est lui, et non Raymond Picard, qui semble ne pas soupçonner « l'existence de la pensée *poétique*, ou tout simplement affective » (274-277). Il n'y a pas de « tenebroso » racinien, mais il y a indubitablement un « nebuloso » barthésien (277-278).

Au terme de cette étude de « l'Eros racinien », on doit constater que Barthes ne nous a rien appris. Il veut apporter des réponses péremptoires à des questions auxquelles Racine n'a jamais prétendu répondre, son propos n'étant pas d'écrire des traités sur l'amour, mais des tragédies aussi émouvantes que possible (278-280). Si nous n'avons rien appris sur l'amour racinien, nous savons déjà que les trois grands défauts du *Sur Racine* sont le mépris des textes, l'incohérence de la pensée et l'irréalité des propos, et qu'on n'y trouve jamais aucune des qualités les plus élémentaires qu'on attend d'un livre de critique. C'en serait assez pour juger tout le livre. Notre seconde partie nous permettra pourtant de nous enfoncer encore plus profondément dans l'ineptie du *Sur Racine*, dans la mesure où les théories que nous examinerons, seront plus ambitieuses et prétendront nous livrer « l'essence même » de la tragédie racinienne (280-281).

Seconde partie : *La Relation fondamentale*

Chapitre I : *Le Bourreau et la victime* (283-347).

Bien que le chapitre « La Relation fondamentale » ne nous livre que la première des trois grandes thèses que nous examinerons maintenant, son titre nous a paru pouvoir coiffer l'ensemble de notre seconde partie, nos trois chapitres, « Le Bourreau et la victime », « Le Père et le fils », « Dieu et la créature », étudiant les trois définitions successives de ce que Barthes croit être la relation fondamentale de la tragédie racinienne (283-284). Le début du chapitre « La Relation fondamentale » nous apprend que « le conflit est fondamental chez Racine ». On s'en doutait. Mais Barthes ajoute — c'est là sa grande découverte — qu'« il ne s'agit nullement d'un conflit d'amour », le rapport essentiel étant un rapport d'autorité, que l'amour ne sert qu'à *révéler*. La « relation fondamentale » de la tragédie racinienne pourrait se traduire en une « double équation » superposant une relation d'autorité (« A a tout pouvoir sur B ») et une relation d'amour non partagé (« A aime B, qui ne l'aime pas »). Cette seconde relation, « beaucoup plus fluide » que la première, ne servirait qu'à faire « fonctionner » celle-ci et ainsi le théâtre de Racine ne serait pas un théâtre d'amour, mais de la *violence* (284-285). Barthes ne voit pas qu'une des deux relations ne peut être « fluide », sans que la double équation le devienne aussi. Il a d'ailleurs préféré évoquer séparément les deux types de relations, et s'est bien gardé d'essayer de faire fonctionner une seule fois le mécanisme général qu'il prétend avoir découvert (286-288).

A nous donc de faire son travail et tout d'abord d'examiner chaque tragédie pour voir si l'on y trouve la double équation et si elle est bien la relation fondamentale de la pièce. Il semble bien difficile, dans *La Thébaïde* comme dans *Alexandre*, de faire apparaître la double équation et tout à fait impossible d'y voir la relation fondamentale des deux pièces (288-289). En revanche, dans *Andromaque*, la double équation peut bien, du moins sur le plan dramatique, être considérée comme la relation fondamentale (288-289). Dans *Britannicus*, il faudrait pouvoir prendre au sérieux l'amour de Néron pour voir apparaître la double équation qui d'ailleurs pourrait difficilement passer pour la relation fondamentale de la pièce (290). S'il n'y a pas de double équation dans *Bérénice*, on la retrouve dans *Bajazet* où, plus encore que dans *Andromaque*, elle peut être considérée comme la relation fondamentale (290-291). On peut retrouver encore la relation fondamentale dans *Mithridate*, bien qu'elle soit moins nette (291-292), mais on ne la reverra plus ni dans *Iphigénie*, ni dans *Phèdre*, ni dans *Esther* ou *Athalie* (292-293). Le schéma barthésien s'applique donc à trois tragédies (*Andromaque, Bajazet* et *Mithridate*) sur onze, et à trois sur sept, si on ne compte que les grandes tragédies profanes. Faute d'en être le ressort général, la double équation est donc un ressort important de la tragédie racinienne. Reste à voir comment il « fonctionne » (292-294).

C'est là que tout se gâte et que la théorie de la double équation se révèle profondément barthésienne, c'est-à-dire arbitraire et absurde (294-295). Barthes présente la double équation comme spécifiquement racinienne. Mais il n'est pas sûr que sa fréquence chez Racine soit exceptionnelle. L'amour non partagé semble avoir été le sujet préféré du théâtre classique. Or une relation d'amour non partagé (A aime B qui ne l'aime pas) ne suffit pas à nouer une intrigue. Encore faut-il obliger B à tenir compte de l'amour de A, et, pour ce faire, la solution la plus naturelle et la plus efficace est de donner à A tout pouvoir sur B. Il suffit alors de donner à B une raison décisive pour ne pas céder à A (notamment en le faisant aimer C) pour l'enfermer dans un dilemme et ainsi achever de nouer l'action (295-298). Si Racine fait peut-être plus que d'autres dramaturges appel à la double équation, c'est parce que son théâtre est plus qu'un autre un théâtre de l'amour. Mais Barthes qui jusque-là voyait Eros partout, prétend maintenant que l'amour, chez Racine, ne sert qu'à révéler la violence, laquelle consiste à obliger autrui à faire ce qu'il ne veut pas. Ainsi ce qui intéresserait Racine, ce ne serait pas l'amour que A éprouve pour B, mais le pouvoir qu'il exerce sur lui, et il ne lui aurait donné de l'amour que pour l'amener à mieux éprouver son pouvoir sur B (298-302). Barthes affirme sans rien démontrer. Une analyse rapide des quatre grandes tragédies de l'amour, *Andromaque, Bérénice, Bajazet* et *Phèdre*, suffit à faire éclater l'absurdité de sa thèse. Ainsi, dans *Andromaque*, Racine ne fait-il appel qu'à une seule relation d'autorité pour faire jouer trois relations d'amour, et encore ne s'en sert-il que pendant les trois premiers actes (302-306). Dans *Bérénice*, il se passe totalement de la relation d'autorité (306-307). Si, dans *Bajazet*, la relation d'autorité est particulièrement soulignée, elle permet de faire jouer deux relations d'amour (307-309). Dans *Phèdre*, il n'y a pas de relation d'autorité jusqu'au retour de Thésée, et, même alors, Hippolyte n'en devient la victime que parce qu'il l'est d'abord de ce qu'il croit être son devoir et de la fatalité (309-311). Ainsi dans ces quatre tragédies, l'amour est partout, tandis qu'on ne retrouve que deux véritables relations d'autorité. De plus, les deux personnages qui la détiennent, Pyrrhus et Roxane, sont loin de se comporter comme ils le devraient, si Barthes avait raison. Certes Pyrrhus est « violent », mais non au sens où l'entend Barthes : bien loin de vouloir obliger Andromaque à faire ce qu'elle ne veut pas, il voudrait par-dessus tout qu'elle veuille la même chose que lui (311-313). Quant à Roxane, son pouvoir ne l'intéresse plus que dans la mesure où il peut lui obtenir l'amour de Bajazet. Tout son rôle, et particulièrement son monologue de la scène 4 de l'acte IV, montre à quel point son vœu profond n'est pas d'obliger Bajazet à faire ce qu'il ne veut pas (313-317). Pyrrhus et Roxane qui auraient dû donner l'exemple, ne l'ayant pas fait, rien d'étonnant si les autres amoureux raciniens oublient de se comporter comme Barthes le voudrait. Ainsi Créon, devenu enfin roi, ne songe qu'à se soumettre aux volontés d'Antigone, comme Taxile à celles d'Axiane, après l'avoir fait arrêter (317-319). En fait le seul amoureux racinien qui se comporte comme le voudrait Barthes, est aussi le seul à n'être pas vraiment amoureux : Néron. Il est d'ailleurs le seul qui tombe « amoureux » d'un être dont il sait qu'il en aime un autre et en est aimé (319-321). Loin de voir que son sadisme en fait un personnage à part, Barthes fait de Néron le type même du personnage racinien et relève des actes d'agression sadique, non seulement chez Agrippine ou Hermione, mais jusque chez Junie lorsqu'elle se réfugie chez les Vestales pour échapper à Néron (321-327).

Barthes, il est vrai, n'a fait que pousser à l'extrême une tendance assez répandue de la critique (et que reflète hélas ! le « Que sais-je ? » de M. Niderst), qui a souvent exagéré la cruauté des personnages de Racine et abusivement parlé de sadisme. Seul Néron est vraiment sadique, puisque, seul, il fait souffrir pour le plaisir de faire souffrir (327-329). Ce n'est pas le cas de Pyrrhus qu'on accuse volontiers de sadisme. Il ne voudrait que le bonheur d'Andromaque et ne verrait aucun inconvénient à ce qu'Oreste et Hermione soient heureux ensemble. Une fois seulement, avec Oreste (acte II, scène 4), il semble faire preuve de cruauté, mais ses propos s'expliquent par une irritation compréhensible ainsi que par le désir de Racine de souligner l'ironie du sort envers Oreste (329-332). Hermione, non plus, n'est pas sadique. M. Niderst fait un sort au vers « Je percerai le cœur que je n'ai su toucher ». Mais ce vers, qui résume le mécanisme du crime passionnel, est bien différent, malgré les apparences, du vers proprement sadique de Néron : « J'embrasse mon rival, mais c'est pour l'étouffer » (333-334). Roxane, non plus, n'est pas foncièrement méchante. M. Niderst le recon-

naît, mais la compare pourtant à Néron qui est, lui, foncièrement méchant. Replacée dans le contexte des deux Préfaces,
la fameuse formule du « monstre naissant », ne veut pas dire
que Néron n'est pas un monstre de naissance. Il suffit
d'ailleurs de comparer ce que Racine dit de Néron, à ce qu'il
dit d'Eriphile, pour se convaincre qu'aucun autre de ses
personnages ne lui paraît aussi noir (334-336). Voir dans le
sadisme néronien un caractère général de l'homme racinien,
c'est oublier que, pour Racine, si les personnages tragiques
ne doivent pas être « tout à fait bons » (il serait alors très
difficile de nouer un conflit violent aboutissant à un dénouement tragique), ils ne doivent pas, non plus, pour pouvoir exciter la pitié, être « tout à fait méchants » (336-338). C'est oublier aussi que la tragédie racinienne est conçue comme une
crise qui éclate enfin après avoir lentement mûri. Des êtres
foncièrement violents n'ont pas besoin d'une situation de
crise pour se livrer à des violences. Ceux qui exagèrent la
violence des personnages de Racine, méconnaissent l'habileté du dramaturge qui a tout fait pour les pousser à bout,
comme il l'a fait pour Oreste, Pyrrhus et Hermione (338-
343). Poussant encore plus loin l'inintelligence de la tragédie
racinienne, Barthes prétend définir « toute la cruauté racinienne » en disant qu'« elle est froideur de bourreau ».
Formule qui, une fois de plus, ne pourrait guère s'appliquer
qu'à Néron. Mais *Britannicus*, malgré sa perfection, nous
touche beaucoup moins que *Phèdre* ou *Andromaque*, parce
qu'un conflit d'autorité est beaucoup moins émouvant qu'un
conflit d'amour. La théorie de Barthes est donc aussi
absurde qu'elle est arbitraire (344-347).

Chapitre II : *Le Père et le fils* (348-470).

A peine a-t-on appris que l'homme racinien était foncièrement « violent » qu'il nous faut de nouveau réviser nos idées. Le chapitre suivant, intitulé « On », nous apprend que l'agresseur est, en réalité, victime d'une permanente « agression diffuse » et qu'il « vit dans la panique du *qu'en dira-t-on* ». Pour le prouver Barthes n'invoque que trois exemples, Titus, Agamemnon et Néron, et, une nouvelle fois, son propos ne peut guère s'appliquer qu'à ce dernier (348-352). Le chapitre suivant, « La division », nous apprend que l'homme racinien « est divisé », mais qu'il « ne se débat pas entre le bien et le mal : il se débat, c'est tout ». Quoi que dise Barthes, le débat moral existe bien, à des degrés très divers, dans la tragédie racinienne, même si le personnage tragique se débat d'abord et surtout à cause de la situation dans laquelle le dramaturge l'a placé (353-356). Mais à celle-ci Barthes ne pense jamais. La « division » dont parle Barthes est beaucoup plus mystérieuse. Le mal profond de l'homme racinien, « c'est d'être infidèle à lui-même et trop fidèle à l'autre ». La division est une espèce de compromis par lequel, « soudée à son bourreau, la victime se détache en partie d'elle-même » (356-357). Le début du chapitre suivant, « Le Père », nous apprend enfin que cet « autre » auquel le héros est soudé et dont il ne peut se détacher en partie qu'en se déchirant lui-même, « c'est le Père ». A vrai dire, la théorie du Père avait fait une première apparition au chapitre trois,

70

« La horde », où Barthes prétendait retrouver « les actions fondamentales du théâtre racinien » dans l'hypothèse, formulée par Darwin et reprise par Freud, de la « horde primitive » (357-358). Barthes s'inspire ici du livre de Mauron, bien qu'il s'en écarte, puisque chez Mauron, comme chez Racine, le père n'apparaît qu'avec *Mithridate*, alors que, chez Barthes, il est présent dans toutes les tragédies. Et, pour une fois, il les passe toutes en revue en énumérant toutes les « figures » de Père qu'il a trouvées. Le mot est pris, il est vrai, dans un sens très large, puisque « ce n'est pas forcément ni le sang ni le sexe qui le constitue, ni même le pouvoir ; son être, c'est son antériorité [...].Le Père, c'est le passé » (359-360).

Le mal du héros racinien serait donc d'éprouver « à l'égard du Père l'horreur même d'un engluement », d'être « déchiré jusqu'à la mort entre la terreur du père et la nécessité de le détruire ». Mais tous les fils raciniens n'ont pas la même attitude envers le Père : c'est « essentiellement à sa force de rupture que l'on mesure le héros racinien » et, dans le chapitre « Le « dogmatisme » du héros racinien », Barthes classe les « figures » de fils en trois catégories. Celles de la première, dont Hermione est le meilleur exemple, « restent soudées au Père ». Celles de la deuxième, sans remettre vraiment en cause la soumission au Père, la vivent comme une aliénation. Les fils de la troisième catégorie, qui sont « les vrais héros raciniens » et dont le modèle est Pyrrhus, « veulent rompre » et fonder un ordre nouveau, mais ils ne réussissent jamais à vaincre « la force inépuisable du Passé » (360-361). Mais le classement établi par Barthes ruine en grande partie sa définition générale du fils racinien qui « éprouve à l'égard du Père l'horreur même d'un engluement » : les fils de la première catégorie sont trop englués pour éprouver de l'horreur, et ceux de la troisième ne sont plus englués (361-362). Pour Barthes le conflit fondamental de la tragédie racinienne est celui du Père et du fils : « ou le fils tue le Père, ou le Père détruit le fils ». Si cela était, on trouverait sans doute beaucoup plus de vrais pères et de vrais fils dans les tragédies de Racine qui ne les opposent que trois fois : dans *La Thébaïde, Mithridate* et *Phèdre*. De plus, dans *La Thébaïde*, Racine ne s'est guère attaché au conflit de Créon et d'Hémon, celui-ci ignorant même, semble-t-il, que son père est son rival et, outre qu'on ne saurait considérer Phèdre comme *la* tragédie du père et du fils, l'attitude d'Hippolyte ne correspond guère aux propos de Barthes qui, d'ailleurs, ne l'a pas cité dans son classement des fils raciniens (362-365). Dans *Mithridate*, en revanche, le conflit du père et des fils est bien au centre de la pièce. L'analyse de Barthes n'en est pas moins tout à fait erronée. Xipharès ferait partie des figures de fils « les plus régressives » tandis que Pharnace serait un fils libéré. C'est oublier que ce qui les oppose n'est pas seulement leur attitude à l'égard du Père, mais un choix politique contre ou pour les Romains. On ne peut dire non plus que Xipharès choisit le passé et Pharnace, l'avenir : ils ne voient pas l'avenir de la même façon, Xipharès ne faisant pas confiance aux Romains et Pharnace leur faisant confiance, et la fin de la pièce laisse clairement entendre que c'est Xipharès qui voit juste. De plus, en faisant de Xipharès un être rétrograde et de Pharnace un être ouvert, Barthes tend à rendre le second plus sympathique que le premier, ce qui ne semble pas être l'avis des autres personnages de la pièce. Enfin les propos de Barthes sur Pharnace comme sur Xipharès vont totalement à l'encontre de sa définition du fils racinien (365-369). Les quelques exemples de relations entre pères et fils que nous offre la tragédie racinienne, ne confirment donc aucunement la thèse de Barthes. Aussi bien a-t-il été obligé de fabriquer la plupart de ses figures de pères et de fils. Certains sont si peu convaincants que leur créateur lui-même n'arrive pas à les considérer comme tels. C'est le cas d'Alexandre dont il oublie complètement, lorsqu'il analyse la pièce, qu'il en a fait un père. Outre que sa jeunesse éclatante n'incite guère à en faire une figure de Père, comment un envahisseur étranger pourrait-il représenter le passé, la légalité, l'ordre ancien ? (369-371). Barthes oublie aussi sa théorie du Père dans son étude de *Bajazet*. C'est que, si Amurat ferait un Père moins inacceptable que d'autres, Bajazet n'a aucunement pour lui les sentiments que Barthes prête au fils racinien (371-373).

Si l'on accepte de dire que « le Père, c'est le passé », la théorie de Barthes devrait du moins s'appliquer aux trois tragédies dans lesquelles le passé joue un rôle primordial : *Andromaque, Britannicus* et *Bérénice*. On peut certes considérer que Titus est la victime de la tradition. Il s'en faut bien pourtant qu'on puisse dire qu'il est « englué » par un passé que pour l'essentiel il assume pleinement (374-377). Et surtout, si la façon dont Barthes applique sa théorie du Père à *Bérénice* n'apporte aucune lumière sur la pièce, elle constitue, du moins, une extraordinaire illustration de la totale incohérence de ses propos. Tout d'abord, en présentant Titus comme une victime de la fidélité au Père, Barthes contredit tous les passages où il dit ne pas croire à son amour (377-380). Il se contredit encore, et sans cesse, dans les pages mêmes où il applique à *Bérénice* sa théorie du Père. Après avoir dit que la fidélité de Titus était « funèbre », au lieu de le ranger parmi les fils de la deuxième catégorie qui « vivent cette fidélité comme un ordre funèbre », il y range Antiochus et fait de Titus un fils « émancipé » alors qu'il l'avait présenté comme « enchaîné » (380-381). De qui Antiochus est-il le fils ? De Bérénice qui sert aussi de second Père à Titus. L'analyse de la pièce nous apprend, en effet, qu'Antiochus est le double de Titus qui se sert de la fidélité de son double pour exorciser sa propre infidélité, Barthes oubliant que Titus ignore l'amour d'Antiochus, et ne comprenant pas quel effet dramatique Racine tire de cette ignorance, d'ailleurs quelque peu invraisemblable (381-385). Titus aurait donc deux Pères, « deux figures du Passé », qui seraient « détruites d'un même mouvement », « le même meurtre » emportant « Vespasien et Bérénice » (385-386). Pour faire de Bérénice une seconde figure du passé, Barthes invoque deux raisons : elle a sauvé Titus de la débauche et elle est *tout* pour lui (et donc le passé, puisque tout est dans tout). Mais, si Titus a changé de conduite pour plaire à Bérénice, si elle est tout pour lui, c'est parce qu'il l'aime et

Barthes refuse de l'admettre. Comment enfin une étrangère, une reine qui a toujours eu contre elle Rome et Vespasien peut-elle être une seconde figure de ce à quoi tout l'oppose ? (386-389) Au total, dans les propos de Barthes sur *Bérénice*, deux grandes contradictions se superposent sans cesse pour aboutir à un enchevêtrement presque inextricable d'affirmations inconciliables : Barthes nie l'amour de Titus tout en raisonnant comme s'il y croyait, et il fait appel à deux figures de Pères diamétralement opposées. A l'évidence, Barthes écrit pour des lecteurs qui oublient au fur et à mesure qu'ils lisent. Lorsqu'il dit de Titus : « son père vivant, il était libre, son père mort, le voilà enchaîné », résumant, d'ailleurs, sans le citer, des propos de Titus lui-même, on ne doit pas chercher à comprendre comment Titus peut être « enchaîné » par la mort de son père, s'il n'aime pas Bérénice. On doit encore moins s'interroger lorsque Barthes nous dit plus loin que la mort de Vespasien fournit à Titus un «alibi» pour se débarrasser de Bérénice. Seuls de mauvais esprits peuvent se demander comment Titus peut être enchaîné par une mort qui le délivre d'un seul coup des « deux figures du Passé » (389-391). Barthes réduit *Bérénice* à la recherche par Titus d'un alibi pour renvoyer Bérénice. Mais, s'il avait voulu trouver un alibi, il n'aurait pas attendu cinq ans : l'hostilité de Vespasien était le meilleur des alibis. En fait, ce n'est pas pour Bérénice, mais pour lui-même que Titus s'est servi d'un alibi : tant que Vespasien vivait, il a cru pouvoir reculer une décision qu'il aurait dû prendre cinq ans plus tôt (391-392).

Une fois de plus, *Britannicus,* où le passé est évoqué plus longuement que dans toute autre tragédie, a sans doute inspiré la théorie de Barthes. Le Père, c'est Agrippine, et le fils, Néron, que Barthes range dans la troisième catégorie. On s'y attendait. Mais on ne s'attendait pas à voir Junie citée dans les fils de la deuxième catégorie. Barthes ne sait d'ailleurs que faire de cette étrange figure de fils et il n'en reparle jamais (393-395). Britannicus, lui, n'a pas droit au statut de fils alors que Barthes en fait le frère et même le double de Néron : « Entre eux, la symétrie est parfaite [...] ils sont frères, ce qui veut dire, selon la nature racinienne, ennemis et englués l'un à l'autre ». On voit que Barthes fabrique les frères, comme il fabrique les pères et les fils. Il oublie que Néron et Britannicus n'ont ni le même père, ni la même mère, qu'ils n'ont pas été élevés ensemble, et que rien ne permet de dire qu'ils se sentent frères, fût-ce dans la haine. Le mot n'est jamais employé au pluriel dans la pièce. Néron n'appelle Britannicus son frère que par pure hypocrisie et l'inverse ne se produit jamais. Les autres personnages, non plus, n'appliquent jamais le mot à Néron et s'ils l'appliquent à Britannicus, ce n'est que pour essayer de fléchir Néron ou pour stigmatiser sa conduite (395-399). Barthes déclare enfin que « Néron fascine Britannicus ». L'étrange argument de Barthes (Britannicus se plaint que Néron le fasse espionner) servirait plutôt, s'il y avait lieu de le faire, à prouver que Britannicus fascine Néron. Cette thèse d'ailleurs s'accorderait mieux avec ce que dit Barthes quelques lignes plus loin (« l'être se refuse à [Néron] tandis qu'il comble [Britannicus] »). De plus, en faisant de Néron et de Britannicus des frères ennemis et englués, Barthes oublie que, dans son étude de *La Thébaïde*, il avait opposé les haines « hétérogènes » comme celle de Néron et de Britannicus, aux haines « familiales » comme celle d'Etéocle et de Polynice (399-402). Mais si Néron et Britannicus ne sont pas les frères raciniens que Barthes voit en eux, les rapports d'Agrippine et de Néron ressemblent assez à ceux qu'il prête aux pères et aux fils raciniens. Agrippine est bien pour Néron le passé, le sang, l'autorité, « une masse possessive qui l'étouffe » et ce qu'il ressent pour elle, ressemble (il l'avoue à Narcisse) à « l'horreur d'un engluement ». Il semble bien déchiré entre la terreur d'Agrippine et la nécessité de la détruire. Au total, le père et le fils raciniens de Barthes semblent devoir beaucoup à Agrippine et à Néron (402-405). Pourtant la théorie du Père ne rend pas exactement compte du conflit d'Agrippine et de Néron. Barthes prétend, en effet, qu'il y a beaucoup moins un être néronien qu'une situation néronienne. L'*impatience* de Néron serait celle de n'importe quel

« adolescent » avide d'indépendance. Après l'avoir abusivement prêtée à tous les personnages de Racine, Barthes oublie
maintenant la « férocité » propre à Néron. Selon lui, Néron
« se fait monstre » parce qu'il y est forcé, « pour vivre ». Mais
Néron ne s'affranchit de la tutelle d'Agrippine que pour
tomber, sans le savoir, sous celle de Narcisse. Car Barthes
méconnaît aussi l'immaturité de Néron, sans laquelle
pourtant il n'aurait jamais été à ce point fasciné par Agrippine (405-409). Mais Barthes ne méconnaît pas seulement le
caractère exceptionnel des personnages d'Agrippine et surtout de Néron, il méconnaît aussi, et plus encore, le caractère
tout à fait singulier de leur situation. Ce n'est pas un hasard si
c'est une mère qui fournit à Barthes son modèle du Père racinien. C'est parce que son Père est sa mère que Néron est le seul
personnage de Racine à qui son Père veut reprendre le
pouvoir qu'il lui a donné : sauf cas d'abdication (mais il n'y
en a pas chez Racine), c'est, en effet, en mourant qu'un
empereur, ou un roi, transmet le pouvoir à son fils. Il fallait
donc un véritable génie de l'ineptie pour faire d'Agrippine et
de Néron les modèles des Pères et des fils raciniens (409-
412).

Si c'est *Britannicus* qui a sans doute inspiré à Barthes sa
théorie du Père, c'est dans son analyse d'*Andromaque*
(largement empruntée à Mauron) qu'il l'a le plus utilisée.
« Comment passer d'un ordre ancien à un ordre nouveau ? »,
telle serait la question essentielle de la pièce dont les quatre
personnages principaux se retrouvent dans les trois classes
de fils raciniens (412-413). Mais Oreste n'est évoqué
qu'incidemment dans le chapitre sur *Andromaque*, Barthes
semblant avoir complètement oublié qu'il était un fils de la
deuxième catégorie (413-414). C'est sa fidélité à Hector qui
vaut à Andromaque d'être une figure de fils. Mais le passé qui
l'empêche d'épouser Pyrrhus, ne la *retient* pas puiqu'elle n'en
a aucune envie, et ce même passé la pousse aussi à sauver en
Astyanax ce qui reste d'Hector et de Troie. Selon Barthes,
elle rejoindrait Pyrrhus, à l'acte IV, comprenant qu'il faut
passer d'un ordre ancien à un ordre nouveau. Rien n'indique

76

pourtant qu'elle ait changé d'attitude : elle a seulement trouvé une solution pour sortir de l'impasse où elle se trouvait (414-417). Mais c'est Hermione qui est, de loin, la principale victime de la théorie du Père. Inconditionnellement attachée au Père, c'est-à-dire au Passé, à la Patrie, à la Loi et même à la religion, elle serait la figure la plus archaïque et la plus régressive du théâtre de Racine (417-419). Mais, si cela était, elle ne pourrait guère nous émouvoir, et, de fait, Barthes ne s'appuie que sur quelques vers arbitrairement interprétés, Un seul vers, isolé de son contexte, lui suffit pour faire d'Hermione la gardienne de la « fidélité religieuse », alors que tout son rôle montre que, pour satisfaire sa passion, elle n'hésiterait pas à braver jusqu'aux dieux (417-422). Parce qu'elle reproche à Pyrrhus (comment s'en étonner ?) de manquer à sa parole, elle devient la gardienne de la « fidélité légale ». Mais comme elle voudrait que ce soit l'amour, et non la parole donnée, qui lui ramène Pyrrhus ! (422-423). Hermione serait pour Barthes la figure « la mieux socialisée » de tout le théâtre de Racine. Les pouvoirs de la société grecque lui seraient « entièrement délégués » et même ses intérêts économiques, puisqu'elle se rappelle les vaisseaux grecs « tout chargés des dépouilles de Troie ». Barthes oublie le contexte qui montre que, pour elle, la valeur de ce butin n'était pas marchande, mais sentimentale (424-425). Et tout le rôle d'Hermione montre que, loin d'être au service de son père et des Grecs, elle se sert d'eux dans l'intérêt de sa passion. Barthes semble ignorer que c'est elle qui a fait agir son père et suscité l'ambassade des Grecs (425-429). Il ne voit pas que, chez Hermione, la Grecque et la fille de Ménélas sont toujours au service de l'amoureuse de Pyrrhus. C'est toujours celle-ci qui fait parler celles-là ou les fait taire. Cléone d'ailleurs ne s'y trompe pas et encore moins Oreste (429-432). Barthes oublie les propos très méprisants qu'à l'occasion Hermione tient sur les Grecs (432-433). Il oublie qu'elle entend immoler Pyrrhus à sa haine et non pas à l'État (433-434). Il oublie les propos qu'elle tient à Pyrrhus et notamment les vers fameux où elle avoue que son amour a fait taire son amour-propre et sa fierté de Grecque (434-436). Il oublie le monologue du début de l'acte V où s'exprime un désespoir qui n'est aucunement celui d'une amante « sociale ». Il oublie enfin les derniers vers de son rôle qui apportent à sa thèse un ultime et radical démenti. Il se les rappellera pourtant un peu plus loin pour opposer le suicide positif envisagé par Andromaque au suicide totalement négatif d'Hermione, sans voir que cette réaction nihiliste reflète la jeunesse d'un personnage qu'il croit « archaïque ». Autant on comprend pourquoi l'Hermione de Racine se suicide, autant on ne comprend pas pourquoi celle de Barthes en fait autant (436-440). En fait, l'Hermione de Barthes et son Pyrrhus doivent beaucoup à l'Hermione et au Pyrrhus de Mauron qui doivent eux-mêmes beaucoup à Agrippine et à Néron. Les sentiments que, selon Barthes, Pyrrhus éprouve pour Hermione, ressemblent fort à ceux que Néron nourrit pour Agrippine. Aussi Barthes considère-t-il qu'Hermione est pour Pyrrhus une figure de Père (à défaut du sang, elle est le Passé, la Léga-lité et même le Pouvoir). Et, comme Néron, Pyrrhus est un fils de la troisième catégorie et même « de tous le plus émanci-pé ». Cela n'empêche d'ailleurs pas Barthes de dire que Pyrrhus dont « la justesse vient de sa libération profonde », se sent prisonnier de « l'ordre ancien » et « frémit d'en sortir » (440-441). Pour Barthes, comme pour Mauron, Pyrrhus se définit essentiellement par rapport à Hermione. S'il ne parle ni de fils ni de père, Mauron voit d'abord en Pyrrhus un homme qui fuit une femme agressive et possessive, Hermione, contre laquelle il cherche un refuge auprès d'une « tendre amante », Andromaque. Mais il oublie trois choses : Pyrrhus a aimé Andromaque avant de voir Hermione ; Hermione n'est devenue agressive que parce que Pyrrhus ne répondait pas à son amour ; Andromaque s'est toujours comportée avec Pyrrhus comme une « veuve inhumaine » (441-442). Ces objections valent aussi contre Barthes pour qui Pyrrhus est d'abord celui qui fuit Hermione avant d'être celui qui aime Andromaque. S'il veut épouser la seconde, c'est pour mieux rompre avec la première, c'est-à-dire avec le Père et toutes les valeurs de l'ordre ancien, c'est parce qu'Andromaque, en face d'Hermione qui incarne la Légalité, ne représente qu'une légalité très affaiblie (442-443). Non seulement Barthes oublie comme Mauron que Pyrrhus a aimé Andromaque avant de voir Hermione, mais sa thèse se heurte à une objection supplémentaire. Pour Mauron, Pyrrhus fuit un type de femme agressive et l'on peut comprendre qu'il ait accepté de l'épouser avant de la connaître. Mais, pour Barthes, Pyrrhus fuit moins une femme que ce qu'elle représente, et l'on ne comprend pas alors pourquoi il avait accepté de l'épouser (444-446). Non content de ne pas expliquer pourquoi Pyrrhus a donné sa parole d'épouser Hermione, Barthes prétend que c'est pour lui une raison de plus pour ne pas l'épouser, le serment faisant partie des valeurs du passé qu'il rejette en bloc. Ne dit-il pas à Andromaque : « Je sais de quels serments je romps pour vous les chaînes » ? On aurait cru que, pour Pyrrhus, le serment était une chaîne parce qu'il en reconnaissait la valeur. Il faut comprendre qu'à ses yeux le serment est sans valeur parce qu'il est une chaîne (446-448). Barthes prétend que Pyrrhus fuit Hermione parce qu'elle l'agrippe, mais (et nous retrouvons la deuxième objection faite à Mauron) Hermione ne l'agrippe que parce qu'il la fuit. Pyrrhus ne rejette pas le Père en Hermione : c'est Hermione qui se transforme en Père parce que Pyrrhus la rejette (448-449). Pyrrhus n'éprouve aucunement pour Hermione le sentiment de terreur que le fils racinien est censé éprouver pour le Père. Pour essayer de prouver le contraire, Barthes en est réduit à prendre à la lettre les propos qui respirent la plus évidente mauvaise foi. Lui qui reproche sans cesse à la critique traditionnelle d'être naïve, il va jusqu'à prendre au sérieux les raisons que Pyrrhus donne à Oreste quand il lui annonce qu'il va épouser Hermione et celle qu'il donne à Phœnix pour se féliciter de sa décision. Dans cette dernière scène, l'aveuglement de Pyrrhus sur lui-même est pourtant si visible qu'il en est presque comique. Phœnix d'ailleurs ne s'y trompe pas (449-456). C'est Andromaque, et non Hermione, qui obsède Pyrrhus. Loin d'éprouver pour celle-ci l'horreur d'un englument, il éprouve surtout de l'indifférence. Elle éclate dans l'explication qu'il a avec elle. Il est si peu capable de se mettre à sa place qu'il lui parle comme si elle était « l'amante légale » que Barthes voit en elle et ne réussit ainsi qu'à blesser cruellement la véritable Hermione dont il méconnaît les sentiments. Cette indifférence n'échappe pas à Hermione et le souvenir de la « tranquillité » de Pyrrhus la torture lorsqu'elle revit la scène, au début de l'acte V. Elle se doute bien alors qu'il n'a pas pris au sérieux ses menaces et le récit de Cléone va lui en apporter la confirmation (456-459). L'indifférence de Pyrrhus pour Hermione s'explique comme celle d'Hermione pour Oreste : il aime ailleurs. L'opposition que Barthes établit entre Hermione et Pyrrhus est aussi arbitraire qu'elle est radicale. Selon lui, Hermione représente l'attachement inconditionnel au Passé, à la « loi vendetta-le » ; elle est tout entière tournée vers la mort et, plus encore qu'épouser Pyrrhus, elle veut que l'enfant meure. Pyrrhus, lui, est pour « la destruction de l'ancienne loi vendettale » ; il est tourné vers l'avenir et vers la vie : plus encore qu'épouser Andromaque, il « veut que l'enfant vive » (460-461). Certes Pyrrhus refuse d'abord de livrer Astyanax. Mais il exige qu'en échange Andromaque l'épouse enfin. Il n'a d'ailleurs pas attendu l'arrivée d'Oreste pour menacer la vie d'Astya-nax. Si l'enfant comptait pour lui autant, sinon plus, que la mère, il ne serait pas seulement incapable d'exécuter ses menaces, il aurait été incapable de les formuler (461-463). Certes la mort d'Astyanax réjouirait Hermione, mais parce qu'elle la délivrerait de sa rivale, Andromaque, et non parce que l'enfant est « son véritable rival ». Si elle l'avait pu, c'est la mort de la mère, plutôt que celle de l'enfant, qu'elle aurait fait demander par les Grecs. Pour elle, Astyanax est un pion dans la partie qu'elle joue avec Pyrrhus, comme il l'est pour celui-ci dans la partie qu'il joue avec Andromaque (463-465). Si l'on peut opposer Hermione et Pyrrhus par rapport à Astyanax, c'est parce qu'il est le fils d'Andromaque, et non

80

parce qu'il est *l'enfant*. C'est la situation, et non le caractère, qui les oppose par rapport au Père. Son amour pour une Troyenne pousse Pyrrhus à renier le passé et la Grèce ; Hermione ne s'en réclame que parce qu'elle est amoureuse d'un Grec et jalouse d'une Troyenne. L'un et l'autre n'ont d'autre politique que celle de leur passion. Aussi est-il aisé de les rapprocher souvent, dans leurs propos ou dans leur comportement (465-468). L'analyse que Barthes nous donne d'*Andromaque* achève donc d'illustrer le caractère totalement arbitraire de la théorie du Père. Et, une fois de plus, en contredisant Racine, il ne craint pas de se contredire lui-même. Pyrrhus est maintenant tout le contraire de ce qu'il était dans « La « scène » érotique » et dans « La relation fondamentale ». Et, plus généralement, l'homme racinien s'est de nouveau métamorphosé : le tyran est maintenant terrorisé. Pour mieux nous convaincre qu'il n'est jamais longtemps celui que l'on croyait, il nous reste à voir son dernier avatar (469-470).

Chapitre III : *Dieu et la créature* (471-532).

Grâce à la théorie du Père, on croyait avoir compris que, pour Barthes, le rapport essentiel de la tragédie racinienne était celui du Père et du fils. Mais le chapitre « La faute » nous apprend que « chez Racine, il n'y a qu'un seul rapport, celui de Dieu et de la créature ». L'« anthropologie racinienne » de Barthes débouche donc sur une « théologie racinienne ». Mais, après l'avoir présentée en des formules plus absolues que jamais, Barthes ne se sert presque jamais lui-même de cette clé qui seule pourtant devrait nous permettre d'accéder au cœur même de la tragédie racinienne. Il n'en parle plus jamais dans la première partie de « L'Homme racinien » et les analyses de la seconde partie l'ignorent le plus souvent. Le contraire eût été surprenant, cette dernière théorie dépassant encore en gratuité toutes les théories précédentes (471-473).

On est, dès l'abord, très surpris d'apprendre que chez Racine le seul rapport est celui de Dieu et de la créature puisque, dans cinq tragédies sur onze (*Alexandre, Britannicus, Bérénice, Bajazet* et *Mithridate*), les dieux sont pour ainsi dire totalement absents, et que, s'ils sont présents, de façon très inégale, dans les six autres, la formule de Barthes ne pourrait s'appliquer, et avec bien des précautions, qu'à *Athalie*. Certes, Barthes pourrait fabriquer des dieux comme il fabrique des Pères, ne serait-ce qu'en transformant ceux-ci en ceux-là. Il semble d'ailleurs vouloir le faire dans le troisième paragraphe du chapitre « Le Père », lorsqu'il dit que « la lutte inexpiable du Père et du fils est celle de Dieu et de la créature » et il rassemble lui-même ses différentes définitions du couple racinien (l'amant et l'amante, le bourreau et la victime, le Père et le fils, Dieu et la créature) pour essayer de nous faire croire qu'elles sont des approximations successives et que sa théologie racinienne sera l'aboutissement d'une pensée qui ne cesse de se préciser et de s'approfondir. En fait cette dernière métamorphose va achever de faire éclater ce que les précédentes avaient déjà largement montré, la totale incohérence du *Sur Racine* (473-475).

Selon Barthes, « tout Racine tient dans cet instant paradoxal où l'enfant découvre que son père est mauvais et veut pourtant rester son enfant ». Pour le rester, il faut que le fils efface l'injustice du père envers lui, en se faisant lui-même coupable, pour « mériter rétroactivement ses coups ». Ainsi « la théologie racinienne est une rédemption inversée : c'est l'homme qui rachète Dieu » (475-476). Mais cette théorie qui entend nous résumer « tout Racine », ne s'appuie que sur le propos d'Oreste qui, constatant que les dieux se sont toujours injustement acharnés contre lui, en conclut qu'il faut mériter leur courroux et justifier leur haine. Aucun autre personnage de Racine ne parle jamais de justifier les dieux en méritant leur haine. La thèse de Barthes ne s'appuie donc que sur une seule citation et, qui plus est, son interprétation constitue un complet contresens. Barthes oublie le vers suivant d'Oreste (voulant « que le fruit du crime en précède la peine »), sans lequel pourtant on ne peut comprendre son propos dont il méconnaît l'ironie haineuse. Oreste ne se comporte pas comme un enfant qui se ferait coupable pour justifier rétroactivement l'injustice de son père. Il se comporte comme un enfant qui, sachant que son père le punira quoi qu'il fasse, décide de faire tout ce qu'il veut, en se disant ironiquement : « Maintenant il saura pourquoi il me punit » (476-478). Oreste songe si peu à justifier les dieux, qu'il est, avec Jocaste, le personnage de Racine qui dénonce le plus leur injustice. Il le fait encore juste avant de sombrer dans la folie. Loin de croire que son crime a justifié les dieux, il pense alors qu'ils l'ont forcé à le commettre pour le faire parvenir « au comble des douleurs » (478-479).

D'ailleurs, dans la seconde partie de « L'Homme racinien », Barthes oublie complètement sa théologie racinienne, lorsqu'il analyse *Andromaque*. Il ne la retrouvera que trois fois. Ainsi, dans son étude de *La Thébaïde*, il nous dit qu'Etéocle et Polynice veulent justifier les dieux en acceptant de vivre la haine injuste que les dieux ont mise en eux. Malheureusement cette affirmation ne s'appuie, et pour cause, sur aucune déclaration des intéressés. A un moment seulement, Etéocle se demande si cette « haine obstinée » n'a pas été voulue par les dieux pour punir ainsi l'inceste de leurs parents. Il avait là une excellente occasion pour dénoncer l'injustice des dieux. Il ne le fait même pas (479-483). De plus, quand Barthes dit qu'Etéocle et Polynice acceptent de vivre leur haine, cela suppose qu'ils pourraient ne pas l'accepter. Barthes oublie donc qu'ils « se haïssent absolument et qu'ils le savent par cette émotion physique qui les saisit l'un en face de l'autre ». Aurait-il renoncé à sa théorie de la haine physique ? D'ailleurs parler d'accepter de vivre sa haine, ou de ne pas l'accepter, n'a pas de sens. On éprouve de la haine ou on n'en éprouve pas (483-485). Il faut ensuite arriver à *Mithridate* pour voir reparaître la théologie racinienne. Faute d'en trouver dans la pièce, Barthes est obligé de se fabriquer son dieu, le Père, bien sûr, Mithridate. Mais lui-même n'est pas très sûr de la divinité de Mithridate : « Son immortalité n'est qu'esquissée ; invulnérable aux poisons, il mourra quand même, ce dieu est un faux dieu ». Qu'importe ? « des dieux méchants que l'homme ne peut justifier qu'en s'avouant coupable : c'est bien le rapport de Xipharès er de Mithridate » (485-486). Certes Mithridate est violent et cruel. Mais on ne peut le définir par la méchanceté. Il n'a pas « volé Monime à Xipharès ». S'il se sert, avec elle, de « la légalité » comme d'un « instrument de tyrannie », il aimerait bien mieux qu'elle réponde à son amour. D'ailleurs, son attitude

84

au dénouement embarrasse Barthes pour qui son « sacrifice » entraîne le « pourrissement » de la tragédie (486-489). Si Mithridate n'est guère le dieu qu'il faudrait, Xipharès n'est pas non plus la créature qu'il devrait être. Loin de songer à s'accuser pour justifier l'injustice de son père, il se montre, devant Arbate, fort soucieux de n'être pas injustement soupçonné d'avoir marché sur ses brisées. S'il s'est tu lorsque Mithridate a voulu épouser Monime, c'est parce que les circonstances l'ont empêché de parler. Racine a voulu éviter qu'il parût faire preuve d'une soumission excessive envers son père, le masochisme moral que Barthes prête à la créature ne convenant guère à un héros tragique. A défaut de Xipharès, ni Monime ni Pharnace ne pourraient fournir la créature dont Barthes a besoin et il n'a même pas cherché à faire appel à eux (489-492). *Iphigénie* et *Phèdre* sont les deux tragédies profanes où les dieux jouent le plus grand rôle. Pourtant Barthes ne fait aucunement intervenir sa théologie racinienne dans son analyse d'*Iphigénie* et, dans celle de *Phèdre*, elle n'apparaît qu'*in extremis* dans la dernière phrase : « Tout l'effort de Phèdre consiste à remplir sa faute, c'est-à-dire à absoudre Dieu » (492-493). Aucune explication donc de cette étrange affirmation ; même pas une citation en note. A nous d'en chercher. S'il est facile de trouver des vers où Phèdre accuse les dieux d'être responsables de sa passion funeste, il est impossible d'en trouver un seul où elle songe à les absoudre : elle les accuse encore au moment de mourir. Fait-elle, du moins, tous ses efforts pour *remplir* sa faute ? Tel n'est certes pas le sentiment de Racine dans sa Préface et tout le rôle de Phèdre contredit cette extravagante affirmation (493-495). Jusqu'à l'aveu à Œnone, Phèdre a tout fait pour ne pas *remplir* sa faute. Si cela change alors, ce n'est pas parce que Phèdre « se fait » coupable, parce qu'elle y tend de « tout son effort ». C'est tout le contraire. Si Barthes avait raison, Racine n'aurait pas tellement insisté sur son extrême faiblesse morale et physique. Mais il lui fallait expliquer pourquoi après avoir tant lutté pour cacher sa passion, elle se laissait aller à l'avouer. Elle ne l'aurait d'ailleurs pas fait sans l'extraordinaire insistance d'Œnone qui lui a arraché un aveu dont Phèdre pouvait logiquement penser qu'il n'aurait aucune conséquence (495-498). Mais la fausse nouvelle de la mort de Thésée (Barthes ne parle jamais de cet événement capital) va en décider autrement. Œnone va s'employer à apaiser ses remords et l'inciter à voir Hippolyte. L'aveu qu'elle fait alors à celui-ci est encore moins volontaire que l'aveu à Œnone, puisqu'il est même inconscient (498-503). Si, au début de l'acte II, elle s'abandonne à un espoir insensé, elle a plus que jamais le sentiment d'être entraînée par une force irrésistible. Quant à la calomnie suggérée par Œnone, elle n'y consent, à la fin, que dans un mouvement de panique. Jamais donc elle n'a fait d'*effort* pour *remplir* sa faute (503-505). N'ayant trouvé la théologie racinienne de Barthes dans aucune des tragédies profanes, nous devrions avoir plus de chances avec les tragédies sacrées. Impossible pourtant de la retrouver dans *Esther*, et Barthes lui-même constate, sans s'en étonner, que « Dieu n'est plus mis en procès, l'enfant semble définitivement réconcilié avec son Père ». On croit qu'on va enfin la retrouver dans *Athalie* (Barthes l'avait d'ailleurs annoncé dans son étude de *La Thébaïde*). On n'en trouve aucune trace. Rien d'étonnant à cela. Certes on peut penser que Yahvé est un dieu injuste. Mais dans le camp de Joad on ne partage pas du tout ce sentiment. Athalie, elle, en est tout à fait convaincue. Mais les crimes qu'elle a commis étaient destinés à venger les victimes de ceux que Yahvé avait inspirés, et point du tout à le justifier rétroactivement (505-507). Ainsi Barthes n'a fait que de rares et très rapides tentatives pour retrouver dans les tragédies raciniennes une théologie qu'il aurait dû trouver au cœur de chacune d'entre elles. Et aucune de ces tentatives n'est si peu que ce soit convaincante (507-508).

Mais, à côté des rares exemples dont parle Barthes, il y a tous ceux dont il ne parle pas. Car il ne fait pas seulement dire au texte ce qu'il ne dit jamais : il lui fait dire le contraire de ce qu'il dit fort souvent. Il ne s'agit pas d'opposer à celle de Barthes une autre théologie racinienne : il n'y a pas de théologie racinienne. Outre qu'il y a cinq tragédies totalement laïques, il n'y a pas un dieu, mais des dieux raciniens, et parfois dans la même pièce. On peut pourtant trouver chez les dieux raciniens un caractère, non pas constant, mais nettement dominant : ils sont volontiers injustes et cruels et suscitent bien souvent la haine et le blasphème. Barthes d'ailleurs le reconnaît. mais après avoir fait du héros racinien celui qui dénonce l'injustice du Ciel, il en fait celui qui veut à tout prix justifier cette injustice en se faisant lui-même injuste. Outre que cette étrange attitude n'est aucunement racinienne, elle paraît entièrement irréelle. D'ordinaire, quand on croit au Ciel, on croit qu'il est juste, et, quand on commence à s'interroger sur sa justice, on commence aussi à s'interroger sur son existence (508-511). Barthes aurait mieux fait de se demander pourquoi les personnages de Racine dénonçaient si souvent l'injustice du Ciel. Rien n'est plus simple à expliquer. Point n'est besoin de supposer, comme Michel Butor, qu'il y a en Racine un blasphémateur rentré. Les personnages tragiques ont généralement d'excellentes raisons de « dire des injures aux Dieux » et ceux de Racine encore plus que d'autres. Car des deux exigences d'Aristote que Racine rappelle dans la première Préface d'*Andromaque* (les personnages tragiques ne doivent être « ni tout à fait bons ni tout à fait mauvais »), s'il n'a guère transgressé la seconde, il a fort souvent transgressé la première. Beaucoup de ses personnages sont entièrement innocents et ceux qui ne le sont pas n'ont que très rarement mérité vraiment ce qui leur arrive. Il est donc normal qu'ils s'en prennent aux dieux. La dénonciation de l'injustice des dieux semble être inversement proportionnelle à la responsabilité des hommes (511-516). Dans *Britannicus*, où les responsabilités humaines sont tellement évidentes, on ne songe guère à s'en prendre aux dieux. Oreste, lui, ne s'en prendrait sans doute pas si violemment au Ciel, s'il pouvait vraiment s'en prendre à Hermione. Si, à la fin de la pièce, il est plus convaincu que jamais de l'injustice des dieux, c'est parce qu'il sait que personne n'est vraiment coupable de ce qui est arrivé. Dans *Andromaque*, et c'est ce qui rend la pièce si émouvante, les personnages se font souffrir et tuent, sans que personne veuille le malheur de personne (516-518). Il en va de même de *Phèdre*. Nous avons vu combien la responsabilité de Phèdre était atténuée. Et Thésée, si souvent maltraité par la critique, a bien des excuses pour s'être trompé. Comme le dit Œnone, tout accuse Hippolyte et la façon dont il se défend devant son père, n'est guère propre à le convaincre. Aussi, dans *Phèdre*, les dieux sont-ils souvent et vivement mis en accusation (518-520). Dans *Bérénice*, où tous les personnages sont innocents, on trouve aussi, chez Antiochus et chez Titus, une mise en accusation des dieux qu'ils ne songent jamais à justifier en se faisant coupables. Mais elle reste relativement discrète à la fois parce que le dénouement n'est pas sanglant et parce que Titus et Bérénice peuvent s'en prendre à une responsabilité plus immédiate que celle des dieux : celle de Rome (520-524). Dans *La Thébaïde*, l'exemple de Jocaste est particulièrement propre à montrer que la haine des dieux est directement liée chez le personnage racinien au sentiment qu'il a de l'injustice de son sort. Son monologue de l'acte III est sans doute le texte le plus blasphématoire de Racine. Barthes en cite d'ailleurs trois vers, dans son analyse de *La Thébaïde*, pour prouver que le dieu racinien est foncièrement méchant. Il ne craint donc pas, pour illustrer un point de sa thèse, de faire appel à un texte qui en contredit l'ensemble. Il le fait assez souvent. Mais, dans le cas présent, la contradiction est d'autant plus éclatante que la citation illustre la formule finale d'une phrase dont elle contredit le sens général (524-527). A la scène suivante, Antigone croyant que le suicide de Ménécée va tout apaiser, Jocaste lui explique que les dieux se plaisent à lui donner de faux espoirs pour mieux la tourmenter. Elle fait ainsi ressortir l'habileté du dramaturge qui a soigneusement construit son intrigue et qui, d'ailleurs, se sert d'elle pour récapituler l'action, souligner la progression dramatique et augmenter la pitié tragique (527-529). Si la haine des dieux est sans doute plus forte chez Racine que chez d'autres auteurs tragiques, c'est parce qu'il a mieux compris que les personnages tragiques devaient être à la fois aussi malheureux et aussi peu coupables que possible, que, pour ce faire, il fallait qu'ils fussent pris dans un engrenage soigneusement réglé qui les entraînât à la catastrophe finale en les ballottant entre l'espoir et le désespoir, que, traités si cruellement et si injustement, ils devaient être portés à s'en prendre aux dieux, et que le dramaturge pouvait en tirer parti (529).

La théologie racinienne de Barthes n'est pas seulement, comme les autres théories du *Sur Racine*, totalement arbitraire et absurde. Comme les autres théories aussi, elle contredit les précédentes. La théorie du Père nous offrait une image du héros racinien qui contredisait l'image précédente du héros « violent ». La théorie de la théologie racinienne nous donne maintenant une image du héros racinien qui contredit celle de la théorie du Père. Les « vrais héros raciniens » qui étaient définis par « le refus d'hériter », veulent à tout prix maintenant payer les dettes laissées par le Père. La « Rédemption inversée » a remplacé le « déicide ». Cette nouvelle image du héros racinien ne nous ramène pas, pour autant, à celle du héros « violent ». L'homme racinien n'est plus celui qui veut se libérer, mais il ne redevient pas celui qui veut contraindre autrui, puisque c'est lui-même maintenant qu'il contraint à faire ce qu'il ne veut pas. Le sadique est devenu masochiste (529-531).

Après l'examen de cette théologie racinienne, nous avons sans doute pu toucher le fond de ce puits de stupidités que constitue le *Sur Racine*. Nous voilà plus convaincu que jamais du total mépris que Barthes manifeste envers les textes, puisqu'on n'y trouve nulle part la moindre trace de ce qu'on devrait trouver partout. Nous voilà plus convaincu que jamais qu'il ne craint pas de se contredire continuellement. Nous voilà plus convaincu que jamais qu'il ne se soucie aucunement de savoir si quelqu'un a jamais partagé les sentiments qu'il prête à l'homme racinien. On peut trouver l'idée de « Rédemption » absurde. Mais c'est un fait que d'innombrables hommes l'ont acceptée et l'acceptent encore. Contraire à la raison, elle est du moins conforme à l'intérêt. Mais la « Rédemption inversée » de Roland Barthes est aussi contraire à l'intérêt qu'à la raison. Seul un malade mental pourrait adhérer à une pareille théologie (531-532).

III

Un Sommet de la sottise humaine

« On ne peut se dispenser de lire le *Sur Racine* de Roland Barthes » [1], écrit M. Jean-Louis Backès, à la fin de son petit *Racine*, en présentant « quelques livres » sur son auteur [2]. Notre sentiment, on s'en doute, est bien différent [3]. La première conclusion à laquelle nous conduit notre étude est, au contraire, que le *Sur Racine* ne saurait rien nous apprendre sur Racine. Bien sûr, tout n'est pas faux dans les propos de Roland Barthes. On a beau faire profession de mépriser l'évidence, il est tout de même bien difficile de réussir à l'éviter partout et toujours. Nous l'avons vu, il arrive à Roland Barthes de dire, sur le ton de quelqu'un qui croit

---

1. « Un Sommet de la sottise humaine » reprend la conclusion de la thèse dactylographiée.
2. *Racine*, p. 187.
3. Si l'affirmation de M. Backès nous paraît tout à fait sotte, c'est d'abord et surtout parce que le *Sur Racine* est un livre d'une exceptionnelle ineptie. C'est aussi parce qu'un livre de critique peut être utile, mais ne saurait jamais être indispensable. Un écrivain, et c'est peut-être encore plus évident pour un auteur dramatique, s'adresse directement au public. Si son œuvre ne peut être comprise qu'en passant par tel ou tel commentaire, c'est qu'il a mal rempli sa tâche. On peut alors se dispenser, non seulement du commentaire, mais de l'œuvre elle-même. On nous dira que la formule de M. Backès ne doit pas être prise à la lettre. Peut-être, mais alors il aurait bien mieux fait de ne pas l'employer. Outre qu'on pourrait le soupçonner de se comporter en agent commercial (il a le même éditeur que Roland Barthes), cette formule respire le snobisme et la jobardise dont tout son petit livre est imprégné, bien qu'il affecte de s'élever au-dessus des querelles récentes.

91

être le premier à les dire, des choses que bien peu de gens oseraient dire sans préciser que tout le monde pourrait les dire. Mais, dans ce maquis de fariboles que constitue le *Sur Racine*, les lapalissades ne représentent que de bien rares et bien petites trouées.

Pour pouvoir nous apprendre quelque chose sur Racine, il aurait d'abord fallu que Roland Barthes le connût un peu mieux. Nous ne disons pas que Roland Barthes n'a pas lu Racine, mais il ne l'a assurément pas lu comme on doit lire un auteur auquel on entend consacrer un livre et sur lequel on prétend, de surcroît, apporter des vues tout à fait nouvelles. Que de fois il nous a suffi, pour réfuter une de ses affirmations, de replacer dans son contexte la citation sur laquelle il s'appuyait, de prendre le texte un peu plus haut ou de le prolonger de quelques vers et parfois même d'un seul ! Mais, bien plus souvent encore, il nous a fallu citer les vers, parfois très fameux, dont Roland Barthes semblait ignorer l'existence ou avoir perdu la mémoire. A chaque affirmation du *Sur Racine*, on peut opposer dix, vingt ou trente citations de Racine. Nous avons ainsi été amené à citer une bonne partie de l'œuvre de Racine et encore avons-nous souvent renoncé, par crainte d'être trop long, à utiliser tous les textes dont nous aurions pu nous servir. Qui voudrait passer au crible la totalité du *Sur Racine*, en mobilisant contre Roland Barthes tous les textes de Racine que l'on peut mobiliser contre lui, devrait citer la plus grande partie, pour ne pas dire la quasi totalité de l'œuvre de Racine, et il devrait citer de nombreux passages plus d'une fois et plusieurs passages un grand nombre de fois.

Certes, on peut se demander si Roland Barthes ne fait pas exprès d'oublier les textes pour pouvoir plus aisément leur faire dire, non ce qu'ils disent, mais ce qu'il veut qu'ils disent. Tout compte fait, je ne le crois pas, sans pouvoir, bien sûr, affirmer le contraire. Il me semble que, si Roland Barthes avait eu bien présents à l'esprit, non pas tous les vers de Racine qui contredisent le *Sur Racine*, mais seulement le dixième ou le vingtième d'entre eux, jamais il n'aurait pu l'écrire. La certitude d'encourir la risée des gens sérieux l'aurait sans doute emporté sur le désir de nourrir l'admiration des jobards, même si ceux-ci semblent être nettement plus nombreux que ceux-là. Car, quand on entend, comme Roland Barthes, devenir un « écrivain de toujours », on ne peut ignorer qu'à plus ou moins longue échéance, le jugement des premiers finit toujours par prévaloir sur celui des seconds. D'ailleurs, avec quelque dédain que Roland Barthes ait feint d'accueillir les critiques de Raymond Picard, il semble en avoir été — ses amis ne l'ont guère caché — profondément affecté. On peut même penser que souvent, en dépit du profit qu'il a tiré de « la Querelle », Roland Barthes a dû secrètement regretter d'y avoir donné lieu.

Outre qu'il paraît bien peu vraisemblable qu'on puisse pousser la malhonnêteté et la sottise[4] assez loin pour pratiquer d'une manière constante et systématique l'oubli volontaire des textes, il y a d'assez nombreux indices qui montrent clairement que la connaissance approximative et très lacunaire des textes de Racine dont semble témoigner le *Sur Racine*, n'est aucunement feinte. Il est, en effet, des cas où l'on ne peut douter, sans mauvaise foi, que Roland Barthes ne connaisse mal le texte en toute bonne foi. Ce sont tous les cas où l'ignorance apparaît totalement gratuite, où l'erreur est visiblement désintéressée. Ainsi, nous l'avons vu, lorsque Roland Barthes fait remonter à l'enfance, l'amour d'Antiochus pour Bérénice, cette erreur le dessert plus qu'elle ne le sert. On a donc toutes les raisons de penser qu'elle est involontaire. De même, lorsque Roland Barthes écrit : « le héros tragique ne peut pas dormir (sauf s'il est monstre, comme Néron, d'un mauvais sommeil) »[5], on ne voit pas pourquoi il aurait introduit cette parenthèse, s'il n'avait cru que Néron était en train de dormir lorsque le

---

4. Quand la malhonnêteté ne peut tromper que les jobards les plus ignares, on peut penser qu'elle va de pair avec la sottise.
5. *Sur Racine*, p. 28.

rideau se levait au début de la pièce [6]. De même, l'erreur ne peut être imputée qu'à l'ignorance lorsque, étudiant, dans les *Essais critiques*, la « Structure du fait divers », et notamment les situations dans lesquelles « la causalité est retournée en vertu d'un dessin exactement symétrique », Roland Barthes cite *Andromaque* : « Ce mouvement était bien connu de la tragédie classique, où il avait même un nom : c'était le *comble* :

Je n'ai donc traversé tant de mers, tant d'Etats,
Que pour venir si loin préparer son trépas

dit Oreste en parlant d'Hermione » [7]. Roland Barthes n'avait évidemment aucune raison pour attribuer ces vers d'Hermione parlant de Pyrrhus [8] à Oreste parlant d'Hermione [9].

6. Pour une fois que Roland Barthes a eu un scrupule, pour une fois qu'il s'est cru obligé de nuancer son propos pour tenir compte d'une citation qui semblait le contredire, il n'a pas eu de chance. Car, de toute évidence, Roland Barthes s'est laissé induire en erreur par la question qu'Albine pose à Agrippine au tout début de la pièce :
  Quoi ! tandis que Néron s'abandonne au sommeil,
  Faut-il que vous veniez attendre son réveil ?
L'erreur commise ici par l'auteur du *Sur Racine* est d'ordinaire le fait de gens qui, depuis vingt ans qu'ils ont quitté le lycée, n'ont jamais relu *Britannicus* et qui ne se souviennent plus guère que du premier vers. Mais un critique qui écrit un livre sur Racine, n'a pas le droit d'ignorer qu'Albine et Agrippine se trompent lorsqu'elles croient Néron encore endormi quand commence la pièce. Il n'a pas le droit d'ignorer que Burrhus, sortant de chez Néron, ne tarde pas à les détromper à la scène suivante, et encore moins peut-être que Néron lui-même confie un peu plus tard à Narcisse qu'il n'a pas dormi du tout, la rencontre de Junie l'ayant empêché de trouver le sommeil (acte II, scène 2, vers 405-406) :
  Voilà comme, occupé de mon nouvel amour,
  Mes yeux, sans se fermer, ont attendu le jour.
Il est vrai qu'on trouve la même erreur chez Lucien Goldmann qui, après avoir cité les deux vers d'Albine, nous explique que « nous sommes à l'aube avant le réveil de Néron » (*Le Dieu caché*, p. 364). Mais il est vrai aussi qu'en matière d'inattention aux textes, Lucien Goldmann n'a rien à envier à Roland Barthes.
  7. « Structure du fait divers », *Essais critiques*, p. 195.
  8. Acte V, scène 1, vers 1427-1428.
  9. Ce passage des *Essais critiques* reprend, en fait, une note du *Sur Racine* (p. 52, note 3). Roland Barthes y citait les deux vers d'Hermione, en donnant la référence (*Andr.*, V, 1), mais sans préciser qui parlait et de qui. Le savait-il ? Il est impossible de le dire. En tout cas, il ne le sait pas lorsqu'il reprend la même citation deux ans plus tard. Il ne sait même pas, puisqu'il a la référence, que le cinquième acte d'*Andromaque* commence par un monologue d'Hermione, le plus célèbre pourtant de tous les monologues de Racine. Et, bien sûr, il ne prend pas la peine de se reporter au texte, ce qui lui aurait pris une minute au plus. Il préfère se fier à l'imprécision de ses souvenirs et, car c'est sans doute là l'origine de son

A vrai dire, il n'est guère surprenant que Roland Barthes n'ait qu'une connaissance assez superficielle de Racine. Outre qu'il n'est pas dans sa nature de regarder les choses de près (comme il le dit lui-même, «il ne sait pas bien *approfondir* » [10]), Racine ne l'intéresse guère et, de lui-même, il n'aurait sans doute jamais songé à écrire un livre sur la tragédie racinienne. Comme le rappelle avec une insistance ingénue un de ses admirateurs, le *Sur Racine* est un « texte de commande (sur un classique auquel Barthes était allergique) » [11]. Le dédain que Roland Barthes éprouve pour Racine transparaît plus d'une fois dans les écrits antérieurs à « L'Homme racinien ». S'il ne se lit qu'en filigrane dans l'article « Racine est Racine » des *Mythologies* [12], il est très apparent dans la deuxième étude du *Sur Racine*, « Dire Racine » [13]. Bien sûr, une fois devenu pour tous les jobar-

---

erreur, faire un rapprochement erroné avec les vers fameux d'Oreste à Pylade (acte I, scène 1, vers 43-44) :

      Tu vis mon désespoir ; et tu m'as vu depuis
      Traîner de mers en mers ma chaîne et mes ennuis.

10. *Loc. cit.*

11. J. B. Fages : *Comprendre Roland Barthes*, p. 81. M. Fages redit ici ce qu'il avait déjà dit plus haut : le *Sur Racine* est une « œuvre de commande (Barthes n'aimait guère Racine) » (p. 26).

12. P. 109-111.

13. Rappelons que cette deuxième étude est antérieure à la première, « L'Homme racinien », et qu'elle a été inspirée par une mise en scène de *Phèdre* par Jean Vilar au T.N.P.. Citons quelques passages : « Phèdre est tantôt coupable (ce qui relève de la tragédie proprement dite) et tantôt jalouse (ce qui relève d'une psychologie mondaine). Ce mélange atteste le caractère ambigu du dernier théâtre racinien, où l'élément tragique le dispute sans cesse et d'une façon inharmonieuse à l'élément psychologique, comme si Racine n'avait jamais pu choisir entre la tragédie rigoureuse qu'il n'a jamais écrite mais dont il a laissé une trace tourmentée dans la plupart de ses pièces, et la comédie dramatique bourgeoise qu'il a fondée pour des siècles et dont *Andromaque* et *Iphigénie* sont des exemples, eux, parfaitement achevés. [...] De tous ces problèmes, de toutes ces difficultés, de toutes ces impossibilités même, Vilar s'est visiblement lavé les mains. On dirait qu'il a joué la politique du pire : *Racine, ce n'est pas du théâtre, et je le prouve.* [...] Vilar a dit oui à tout le mythe de Racine : dans cette mise en scène irresponsable, nous en avons reconnu les bons vieux attributs allégoriques : les rideaux sombres, le siège passe-partout, les voiles, les plissés, les cothurnes d'une Antiquité revue comme toujours par la haute couture parisienne : les fausses postures, les bras levés, les regards farouches de la Tragédie. Car il existe un vieux fonds folklorique racinien, comme il existe un comique troupier ; et c'est là que chaque acteur, s'il est laissé à lui-même, va tout naturellement puiser : la mise en scène de Vilar n'est rien d'autre que cette permission. [...] Je ne sais s'il est possible de jouer Racine aujourd'hui. Peut-être, sur scène, ce théâtre est-il aux trois quarts mort » (*Sur Racine*, p. 139-140 ; 142 ; 143).

thiens, grâce à « la Querelle », l'homme qui avait dépoussiéré Racine et qui l'avait enfin compris, Roland Barthes a cru bon d'éviter de trop laisser voir le peu de cas qu'il faisait de lui. Pourtant, même alors, il lui arrive encore de ne pouvoir cacher ses sentiments. Ainsi, irrité de se voir reprocher son « jargon », il écrit, nous l'avons vu, dans *Critique et vérité* : « les Français s'enorgueillissent inlassablement d'avoir eu leur Racine (l'homme aux deux mille mots) et ne se plaignent jamais de n'avoir pas eu leur Shakespeare » [14].

Mais ce sont encore ses silences qui montrent le mieux le peu d'intérêt que Roland Barthes porte à Racine. Que ce soit dans ses livres ou dans les très nombreux entretiens qu'il a accordés à des journalistes, jamais, quand il parle des auteurs qu'il aime à lire, il n'est question de Racine. Ainsi, on chercherait en vain son nom dans *Le Plaisir du Texte* ou dans la « Tabula gratulatoria » qui se trouve à la fin des *Fragments d'un discours amoureux* [15]. Mais l'ombre de Racine ne doit pas plus en être affectée que les ombres des quelques grands écrivains qui s'y trouvent cités, n'en doivent être flattées. Car le «plaisir du texte », et à plus forte raison sa « jouissance », c'est dans la cuistrerie et le snobisme que Roland Barthes les trouve le plus volontiers [16]. Il aurait sans

14. P. 29.
15. P. 279-281.
16. Il serait trop long d'énumérer tous les textes auxquels Roland Barthes se réfère dans *Le Plaisir du texte* ainsi que de reproduire la « Tabula gratulatoria » des *Fragments d'un discours amoureux*. Mais la liste des textes cités dans *Critique et vérité* que nous avons donnée dans notre Avant-propos, permet déjà de se faire une assez bonne idée de la cuistrerie et du snobisme des lectures de Roland Barthes, Il avoue d'ailleurs lui-même qu'il suffit qu'un texte soit émaillé de quelques mots bien pédants pour lui donner du plaisir : « dans certains textes, des mots *brillent*, ce sont des apparitions distractives, incongrues — il importe peu qu'elles soient pédantes ; ainsi, personnellement, je prends du plaisir à cette phrase de Leibnitz : « ... comme si les montres de poche marquaient les heures par une certaine faculté *horodéictique*, sans avoir besoin de roues, ou comme si les moulins brisaient les grains par une qualité *fractive*, sans avoir besoin de rien qui ressemblât aux meules » » (*Le Plaisir du texte*, p. 68). Quant à « la jouissance du texte », Roland Barthes confie à M. Jean-Jacques Brochier qu'il la trouve chez Severo Sarduy ou Sollers, dans « des textes, disons, de l'avant-garde, c'est-à-dire des textes qui ne sont pas du côté du vraisemblable. Dès qu'un texte reste soumis à un code du vraisemblable, si incendiaire soit-il — je pense par exemple à Sade [...], il reste du côté des textes de plaisir. Le texte de jouissance doit être du côté d'une certaine illisibilité (« Vingt mots-clé pour Roland Barthes », *Le Grain de la voix*, p. 196).

doute donné toutes les œuvres de Racine, de Molière, de Voltaire ou de Victor Hugo pour n'importe quel article paru dans *Tel Quel*.

« Il y a, je crois, écrit Mme Odette de Mourgues au début de son livre *Autonomie de Racine*, peu de profit à tirer de cette étude, ou d'ailleurs de n'importe quel ouvrage sur Racine, pour celui qui n'a pas déjà en lui la possibilité d'être ému par la tragédie racinienne » [17]. Assurément, mais il y a encore beaucoup moins de profit à tirer, pour quelque lecteur que ce soit, d'un ouvrage sur Racine dont l'auteur lui-même est, comme Roland Barthes, non seulement incapable d'être ému par la tragédie racinienne, mais même de comprendre qu'elle est faite pour émouvoir. Car ce qu'il y a de plus extraordinaire dans le *Sur Racine*, quand on le regarde par rapport à Racine, c'est moins la connaissance approximative des textes que la méconnaissance absolue des intentions de l'auteur. Au delà de toutes les citations tronquées, de toutes les omissions, de toutes les interprétations arbitraires, de toutes les contrevérités particulières, la nullité du *Sur Racine* en tant qu'ouvrage de critique racinienne tient à l'inintelligence constante et totale de ce que Racine a voulu faire, de ce qu'il a, le plus souvent, réussi à faire. Du début de son livre jusqu'à la fin Roland Barthes s'obstine à oublier que la fin de la tragédie est de procurer aux spectateurs, comme dit Racine dans la Préface de *Bérénice*, « le plaisir de pleurer et d'être attendris » [18]. Tous ses propos, toutes ses interprétations, toutes ses théories montrent qu'il ne pense jamais à ce à quoi l'auteur d'un livre sur Racine devrait penser sans cesse et que Mme Odette de Mourgues a cru, très justement, nécessaire de rappeler : il n'y a « rien dans son théâtre qui ne soit dirigé vers un seul but : amener l'émotion tragique à son maximum d'intensité » [19].

17. P. 18.
18. *O.C.I.*, p. 467.
19. *Autonomie de Racine*, p. 23. Mme Odette de Mourgues semble partager le jugement très négatif que nous portons sur les principales tendances de la « nouvelle critique »

Ce que Roland Barthes méconnaît tout d'abord, c'est que, pour faire naître l'émotion tragique, les personnages doivent inspirer aux spectateurs ou aux lecteurs un minimum de sympathie. Faute de pouvoir approuver tous leurs sentiments ou tous leurs actes, il faut du moins que nous puissions, dans une certaine mesure, les comprendre et les excuser quand ils sont condamnables. En dépit du fait qu'ils sont très loin de nous par leur appartenance à l'Histoire ou à la légende et par leur condition (ce sont tous des rois ou des reines, des princes ou des princesses), les personnages de Racine n'en sont pas moins, le plus souvent, très proches de nous par les sentiments qui les tourmentent. Ce n'est guère le cas de « l'homme racinien » selon Roland Barthes qui, pour changeant qu'il soit, n'en est pas moins toujours extravagant, et dont les façons de penser et de sentir nous paraissent aussi rocambolesques que celles d'un Philippe Sollers ou celle d'un Indien Bororo décrites par Lévi-Strauss. Il est heureux que les personnages de Racine ne ressemblent que très exceptionnellement à « l'homme racinien » de Roland Barthes : ils auraient tous subi le même sort qu'Etéocle et Polynice dont la haine congénitale n'a jamais réussi à émouvoir personne.

L'amour malheureux ne serait certainement pas le sentiment qui nous émeut le plus souvent et le plus intensément dans la tragédie racinienne, s'il fallait, pour en être vraiment touché, être capable de se mettre à la place d'un être « solaire » et de sentir, comme lui, que la « respiration » ne saurait jamais venir que d'un être « ombreux ». Tous ceux qui, comme moi, et cela doit faire beaucoup de monde, ne se sont jamais sentis « solaires », et qui, de ce fait, n'ont jamais éprouvé, non plus, de désir irrésistible pour un être « de

---

racinienne. Elle écrit, en effet, après avoir évoqué les travaux de Lucien Goldmann, de Roland Barthes, de Charles Mauron et de Charles Baudoin : « Si l'on considère dans leur ensemble les tendances critiques que je viens de noter, on voit sans peine qu'elles sont toutes centrifuges. Partant du texte racinien elles s'en éloignent dans des directions variées » (p. 12-13).

l'ombre végétale », devraient rester passablement indifférents à la passion que Phèdre ressent pour Hippolyte [20]. Et pourtant pour moi, comme pour beaucoup de lecteurs depuis trois siècles, Racine est sans doute l'auteur qui a su le mieux exprimer, par la voix de Phèdre, le tourment d'un amour impossible. Pour comprendre l'amour racinien, il suffit d'être ou d'avoir été un jour amoureux ; pour comprendre « l'Eros racinien » tel que le décrit Roland Barthes, il faut d'abord, à défaut d'être soi-même « solaire », pouvoir imaginer qu'on l'est et qu'on descend du Soleil, qu'on est un conquérant, un roi, un prince ou un incendiaire.

D'ailleurs, plutôt que l'amoureux, Roland Barthes préfère voir dans « l'homme racinien » le « violent », le fils hanté par la terreur du Père, la créature obstinée à se faire coupable pour justifier la Divinité. Le premier de ces trois grands visages que Roland Barthes nous propose de « l'homme racinien », est assurément beaucoup moins original que les deux autres : il représente même l'aboutissement d'une tradition trop bien établie de la critique racinienne. Mais, comme les deux autres, et sans doute plus encore, il a le défaut majeur d'être bien peu propre à faire naître la pitié tragique. Si le vœu le plus profond de « l'homme racinien » était d'« obliger [autrui] à faire ce qu'il ne veut pas » [21], s'il était fondamentalement un « tyran » et un « bourreau », son sort aurait bien peu de chances de jamais nous émouvoir. A lire Roland Barthes, tous les personnages de Racine seraient autant de Nérons. Rien n'est plus faux : nous l'avons dit, Néron est, au contraire, une exception dans la tragédie racinienne, puisqu'il est le seul personnage de Racine que

---

20. Parmi tous les gens qui, comme moi, ne font aucun cas de l'explication « solaro-ombreuse » de l'amour que nous propose le *Sur Racine*, il y a, semble-t-il, Roland Barthes lui-même. Si l'on se reporte, en effet, aux *Fragments d'un discours amoureux*, on constate que Roland Barthes n'y fait jamais appel, dans ses analyses, aux catégories du « solaire » et de l'« ombreux ».

21. Rappelons la définition que Roland Barthes nous donne de la « violence » : « contrainte exercée sur quelqu'un pour l'obliger à faire ce qu'il ne veut pas » (*Sur Racine*, p. 36, note 1).

l'on puisse vraiment taxer de « sadisme ». Et c'est heureux puisque, de ce fait, il est aussi le seul dont le « désespoir », dépeint par Albine à la fin de la pièce, nous laisse parfaitement indifférents.

Sans nous inspirer, comme le premier, une franche antipathie, les deux autres grands visages de « l'homme racinien » que nous offre le *Sur Racine*, ne sont guère de nature, non plus, à nous permettre d'éprouver pour lui un sentiment de pitié tragique. Il y a, en effet, pitié et pitié. Celle que Racine veut nous inspirer pour ses personnages, n'est pas, croyons-nous, celle que l'on éprouve pour des êtres mentalement déficients, voire passablement dérangés. Malheureusement, quand « l'homme racinien », tel que le dépeint Roland Barthes, cessant d'être « violent », peut enfin nous inspirer quelque pitié, c'est parce qu'il nous paraît constituer un cas psychologique. Quand Roland Barthes nous définit le « héros racinien » comme quelqu'un qui est « retenu dans sa propre antériorité comme dans une masse possessive qui l'étouffe »[22], comment ne pas se dire que cela relève du psychiatre ? A en croire le critique, les personnages de Racine, du moins pour la plupart[23], sont habités par la peur du Père et « englués » dans le Passé. Autant dire que, loin d'être psychologiquement adultes, ils sont fâcheusement affligés d'un retard mental ou affectif qui en fait des êtres foncièrement « immatures ». Ce n'est certainement pas ce que Racine a voulu faire. Ce n'est pas davantage ce qu'il a fait sans le vouloir ; et il est bien heureux qu'il en soit ainsi et que la théorie du Père soit tout à fait arbitraire[24]. Il est

---

22. *Sur Racine*, p. 56.

23. A vrai dire, comme nous l'avons vu dans le chapitre « Le Père et le Fils », la pensée de Roland Barthes n'est pas très claire, pour ne pas dire qu'elle est incohérente. Il semble à la fois considérer que tous les personnages de Racine sont terrorisés et « englués » par le Père et que pourtant, « les vrais héros raciniens », sont ceux qu'il appelle les « impatients ». Il est vrai que, finalement, seul Pyrrhus semble lui paraître vraiment « émancipé ».

24. Sans revenir sur tous les effets destructeurs de l'interprétation de Roland Barthes, rappelons seulement l'incroyable absurdité de la conception qu'à la suite de Charles Mauron, il se fait du personnage d'Hermione. Si celle-ci était vraiment « force plutôt que femme », « Erinnye tourmenteuse, répétition incessante de la punition », elle serait à peu

heureux aussi que la théorie de la rédemption inversée soit totalement dénuée de fondement. Sinon, il faudrait admettre que les personnages raciniens sont des illuminés ou des obscurantistes (cela revient à peu près au même), des espèces de fanatiques religieux parfaitement siphonnés. De tels personnages peuvent sans doute nous intriguer et nous inquiéter : ils ne sauraient nous émouvoir.

A la fin du *Bourgeois gentilhomme*, après avoir vu M. Jourdain se prendre pour un Mamamouchi qui vient de marier sa fille avec le fils du grand Turc, Covielle croit pouvoir conclure en disant : « Si l'on peut en voir un plus fou, je l'irai dire à Rome ». A l'évidence il n'a jamais rencontré personne qui ressemblât à « l'homme racinien » de Roland Barthes. Car à côté d'un olibrius aussi rocambolesque, même M. Jourdain paraîtrait raisonnable. En effet, outre que, pris séparément, chacun des traits que Roland Barthes prête à « l'homme racinien », sont déjà étranges, et parfois même plus qu'étranges, quand on veut les réunir pour obtenir un portrait robot général de « l'homme racinien » selon Roland Barthes, on aboutit à un résultat tout à fait ahurissant. Faute de pouvoir rappeler toutes les extravagances et toutes les inconséquences que nous avons relevées chez « l'homme racinien » de Roland Barthes, il nous suffira d'esquisser son portrait, en mettant rapidement bout à bout les principaux traits que nous avons notés.

Nous avons vu tout d'abord que « l'homme racinien » tombait volontiers amoureux. Cela n'aurait rien que de très normal, si, curieusement, il n'était « ébloui » que par les êtres « ombreux », et si cette attirance pour l'ombre, la prison, voire le tombeau, n'avait assurément quelque chose de morbide. Mais on n'a pas beaucoup le temps de s'étonner, car, peu après, on apprend brusquement que cet être qui

près aussi attachante et aussi émouvante que la Tisiphone qui attend les damnés avec sa robe sanglante retroussée, son fouet et ses serpents, à l'entrée du Tartare, au chant VI de l'*Énéide*.

semblait n'aspirer qu'à « la paix », ne rêve, en réalité, que de guerre. En un instant, l'amoureux transi s'est métamorphosé en un tyran sadique qui n'a qu'une seule pensée et un seul plaisir : obliger autrui à faire ce qu'il ne veut pas. C'est du moins ce qu'on croit pendant un moment, avant de découvrir que le tyran est, en réalité, un homme traqué et le tortionnaire, un fils terrorisé par son père. Mais, en fin de compte, cet enfant prolongé se révèle être une sorte de mystique masochiste, de l'espèce la plus tordue qu'on puisse imaginer. Qui pourrait jamais croire qu'un être aussi surréaliste ait jamais pu exister, prendre au sérieux ses problèmes, être touché par ses tourments ?

Au total, « l'homme racinien » selon Roland Barthes est avant tout un névropathe. Et, ce qui n'arrange rien, il change de névrose comme on change de chemise. Rien d'étonnant à cela : le *Sur Racine* n'a pas été écrit par un racinien pour des raciniens, mais par un jobarthien et pour des jobarthiens. Les jobarthiens ne sont pas des gens à se nourrir de Racine : ils ne se repaissent que de foutaises : ils ne se gobergent que de sornettes snobinardes, que de balivernes dans le vent et rien ne les affriole autant que de bonnes fariboles bien rocambolesques, surtout quand elles fleurent le freudisme, fût-il tout à fait frelaté [25]. C'est une chose d'émouvoir profondément depuis trois siècles le plus grand nombre des spectateurs et des lecteurs cultivés. C'en est une autre de faire frétiller d'aise une génération de foutriquets frottés de freudisme et férus de *Tel Quel*. Il est difficile de réussir à la

---

25. L'usage que Roland Barthes fait de la psychanalyse n'a certes rien de systématique. Dans l'Avant-propos, il dit lui-même, en parlant de « l'Homme racinien » : « Le langage en est quelque peu psychanalytique, mais le traitement ne l'est guère » (*Sur Racine*, p. 9). On ne saurait avouer plus ingénument qu'il s'agit surtout d'employer les mots à la mode. Un des fragments du *Roland Barthes par Roland Barthes* est intitulé « Rapport à la psychanalyse ». Le voici en entier : « Son rapport à la psychanalyse n'est pas scrupuleux (sans qu'il puisse pourtant se prévaloir d'aucune contestation, d'aucun refus). C'est un rapport *indécis* » (p. 153). Ces trois lignes mériteraient d'être commentées longuement. C'est le type même de ces babioles barthésiennes que les jobards avalent les yeux fermés et grâce auxquelles, en quelques secondes, ils communient avec toute la connerie de leur époque.

fois l'une et l'autre. Ce sont deux emplois trop différents. Phèdre, Hermione, et tant d'autres personnages de Racine, qui sont admirables dans le premier, ne sont pas faits du tout pour tenir le second. « L'homme racinien » de Roland Barthes qui excelle dans le second, n'en saurait tenir un autre.

Si « l'homme racinien » de Roland Barthes ne peut ainsi rien nous apprendre sur les personnages de Racine, comment donc le *Sur Racine* pourrait-il nous apprendre quoi que ce soit sur Racine ? Le *Sur Racine*, c'est essentiellement la première étude intitulée « L'Homme racinien », et celle-ci ne porte que sur le personnage racinien, comme son titre l'indique et comme Roland Barthes l'a annoncé dans son Avant-propos : « je me suis placé dans le monde tragique de Racine et j'ai tenté d'en décrire la population (que l'on pourrait facilement abstraire sous le concept d'*Homo racinianus*), sans aucune référence à une source de ce monde (issue, par exemple, de l'histoire ou de la biographie). Ce que j'ai essayé de reconstituer est une sorte d'anthropologie racinienne » [26]. Certes on ne peut tout dire à la fois et Roland Barthes était parfaitement libre de n'étudier dans la tragédie racinienne que les personnages. Mais il est piquant de le constater, Roland Barthes, en ce faisant, fait précisément ce qu'il reproche souvent à la critique traditionnelle : il privilégie la psychologie [27], même s'il s'en défend et s'il évite soigneusement d'employer ce mot [28]. Ce n'est pourtant là

26. *Sur Racine*, p. 9.
27. On pourrait aisément appliquer à l'ensemble des analyses de « L'Homme racinien » les judicieuses remarques que M. Jean Molino a faites sur l'étude des « lieux tragiques » dans les trois premières pages du *Sur Racine* : « derrière et sous les termes spatiaux se cachent des réalités psychologiques (ici psychanalytiques), chosifiées et durcies pour devenir objets. Il s'agit de reprendre approximativement les résultats d'analyses comme celles de Mauron, et, pour en évacuer ce qui pourrait apparaître comme un psychologisme, de transporter le contenu de ces analyses dans la définition d'objets et de lieux du monde. Etonnant avatar d'un psychologisme qui, pour éviter la traditionnelle analyse psychologique du théâtre classique, psychologise totalement le monde de la tragédie » (*Op. cit.*, p. 150).
28. Les critiques traditionnels étudient banalement, pour ne pas dire bêtement, la « psychologie racinienne ». Roland Barthes, lui, fait de l'« anthropologie racinienne ».

qu'une inconséquence de plus et il y a longtemps que nous avons renoncé à les compter. En revanche, ce qui est beaucoup plus grave et qui fait, du moins pour une part, que son « homme racinien » est tellement rocambolesque, Roland Barthes oublie continuellement ce qu'on doit avoir sans cesse à l'esprit, quand on veut étudier les personnages de Racine : la situation dans laquelle ils se trouvent.

Par définition, le personnage de tragédie, particulièrement s'il s'agit d'une tragédie qui peint, comme le fait la tragédie racinienne, l'éclatement d'une crise passionnelle qui mûrissait depuis longtemps, ne vit pas une journée banale et ordinaire, mais au contraire la journée la plus exceptionnelle de son existence, et souvent la dernière, la plus riche en moments intenses et en événements dramatiques. On ne peut donc comprendre les personnages de Racine, si l'on fait abstraction de l'action dans laquelle ils se sont engagés, pas plus qu'on ne peut comprendre cette action, si l'on ne connaît pas les caractères des personnages. La psychologie des personnages et l'action dramatique ont ainsi — mais comment pourrait-on s'en étonner ? — des rapports très étroits. On peut certes centrer une étude de la tragédie racinienne sur l'une ou sur l'autre, mais on ne saurait étudier l'une, du moins un peu sérieusement, sans tenir compte de l'autre. C'est pourtant ce que fait Roland Barthes tout au long du *Sur Racine*.

On connaît le propos de Racine rapporté par son fils Louis, dans ses *Mémoires sur la vie et les ouvrages de Jean Racine* : « Quand il entreprenait une tragédie, nous dit Louis Racine, il disposait chaque acte en prose. Quand il avait ainsi lié toutes les scènes entre elles, il disait : « Ma tragédie est faite », comptant pour rien le reste » [29]. Certes l'authenti-

---

Qu'on n'aille pas dire qu'il n'y a là qu'un mot qui change ! Car Roland Barthes n'étudie pas, comme le font les critiques traditionnels, les « caractères » ni même les « personnages » (il évite aussi d'employer ces mots) : il étudie la « population » des tragédies raciniennes, il étudie « l'homme racinien », voire l'« *Homo racinianus* ». On le voit, il n'y a pas qu'un mot qui change : il y en a plusieurs.

29. *O.C.* I., p. 42.

cité de ce propos n'est pas assurée. Elle est pourtant probable. D'une part, si l'on a parfois des raisons de se défier des affirmations de Louis Racine, on ne voit pas pourquoi on douterait de celle-ci. D'autre part, il suffit d'avoir regardé d'un peu près deux ou trois tragédies de Racine pour être, en effet, convaincu que la perfection de la tragédie racinienne repose d'abord sur une intrigue admirablement bien construite. Comme le dit M. Bénichou, en parlant de la façon dont Corneille et Racine ont repris et modifié, pour bâtir leurs tragédies, les matériaux qu'ils ont trouvés chez leurs prédécesseurs : « Il fallait — les œuvres médiocres en sont la preuve évidente, *a contrario* — autant de génie pour dresser cette charpente du *Cid,* d'*Andromaque* ou de *Phèdre* que pour en écrire les vers. Le nier trop vite, ce serait, pour sauver tout le mystère de la création littéraire, nous fermer les yeux sur ce qu'il y a en elle de simple et d'essentiel » [30]. Certes, mais, précisément, ce qu'il y a de simple et d'essentiel n'est jamais ce qui intéresse Roland Barthes ni aucun jobarthien. Ce sont gens qui ne se plaisent que dans l'abstrus, l'arbitraire et l'abracadabrant.

C'est bien la peine que Roland Barthes se targue tellement d'étudier les « structures » [31], si, lorsqu'il est devant la tragédie racinienne, il ignore superbement ce qui en constitue l'ossature, l'armature, la charpente même. C'est bien la peine de nous dire si volontiers qu'il aime par-dessus tout à voir comment « ça fonctionne », si, étudiant des tragédies, il se désintéresse du mécanisme même de l'action tragique. Quand, exceptionnellement, il semble se préoccuper un peu de savoir quels sont les fils de l'intrigue et de comprendre comment ils se nouent, il se révèle alors totalement incapable de se mettre à la place du dramaturge qui doit construire une

---

30. *L'Ecrivain et ses travaux,* p, 169. M. Bénichou montre ensuite fort bien quel a été le travail de Racine, dans ses deux chapitres « Andromaque captive puis reine » (p. 207-236) et « Hippolyte requis d'amour et calomnié » (p. 237-323).

31. Rappelons que la première partie de « L'Homme racinien » est intitulée « La Structure ».

action tragique. Même lorsqu'il lui arrive de voir une pièce essentielle du mécanisme tragique, il en comprend si peu le fonctionnement qu'il veut à tout prix la faire marcher à l'envers. C'est, nous l'avons vu ce qui se passe avec ce que, pour faire scientifique, Roland Barthes appelle « la double équation ». Cet exemple où Roland Barthes, pour une fois, paraît s'intéresser un moment à la dramaturgie, montre finalement, mieux que tout autre sans doute, à quel point il l'ignore. Constatant que, dans la tragédie racinienne, on voit souvent des personnages qui ont le pouvoir d'obliger autrui à faire ce qu'il ne veut pas, Roland Barthes en conclut que « l'homme racinien » est fondamentalement celui qui veut obliger autrui à faire ce qu'il ne veut pas, donc un « violent », un « tyran », voire un « bourreau ». Il ne voit pas qu'en ce faisant, il transforme un ressort dramatique en ressort psychologique. Il ne voit pas que le pouvoir que Racine donne à certains de ses personnages d'en obliger d'autres à faire ce qu'ils ne veulent pas, est d'abord un moteur dont le dramaturge a besoin pour mettre en mouvement le mécanisme tragique [32]. Non content de « psychologiser » les lieux tragiques, comme l'a noté M. Molino [33], Roland Barthes « psychologise » jusqu'aux situations dramatiques. Alors même qu'il prétend, nous l'avons vu, et cette affirmation est tout à fait inepte, qu'« il n'y a pas de caractè-res dans le théâtre racinien », mais qu'« il n'y a que des situations » [34], il transforme les situations en traits de carac-

32. C'est sans doute dans *Andromaque* que le pouvoir d'un personnage sur un autre remplit le mieux son rôle de moteur de l'action tragique. Le pouvoir que Pyrrhus a sur Andromaque, commande, en effet, tout le mécanisme dramatique et ce mécanisme est, dans *Andromaque*, particulièrement complexe.

33. *Loc. cit.*

34. Tantôt Roland Barthes sacrifie les caractères aux situations, qu'il réduit d'ailleurs aux seuls rapports de forces, et il prétend que la psychologie des personnages est entièrement déterminée par le fait qu'ils sont dominants ou dominés, qu'ils exercent le pouvoir ou qu'ils le subissent. Tantôt, au contraire, il ne tient aucun compte de la situation dans laquelle se trouvent les personnages, si cruciale qu'elle puisse être, et il explique par le caractère, même s'il s'abstient d'employer ce mot, ce qui s'explique par la situation. A son habitude, Roland Barthes ne se soucie guère d'adopter une démarche cohérente. Pourvu qu'ils mènent à une sottise, tous les chemins lui semblent bons.

tère. C'est une chose que d'être en situation de pouvoir obliger quelqu'un à faire ce qu'il ne veut pas et d'user de ce pouvoir quand on veut passionnément qu'autrui fasse ce qu'il ne veut pas faire. C'en est une autre que d'être naturellement porté à vouloir obliger autrui à faire ce qu'il ne veut pas.

A l'évidence, Roland Barthes n'aurait jamais pu faire la carrière qu'il a faite, il n'aurait jamais pu obtenir l'audience nationale et internationale à laquelle il est parvenu, il n'aurait jamais été nommé Professeur au Collège de France, il n'aurait jamais réussi à passer, aux yeux de tant de nos contemporains, pour le plus grand critique de ce temps, s'il avait été capable de comprendre ce que normalement un élève de Seconde peut comprendre sans effort. Son « homme racinien » n'aurait jamais fasciné tant de jobards, s'il n'avait pas été aussi bizarre, et il n'aurait jamais été aussi bizarre, si Roland Barthes avait été capable de comprendre que, pour apprécier sainement les propos et le comportement d'un personnage de tragédie, il faut se rappeler sans cesse qu'il est en train de vivre une tragédie. Bien au contraire, Roland Barthes raisonne sans cesse comme si les personnages de Racine disaient ou faisaient tous les jours que Dieu fait, ce qu'ils ne disent ou ne font que parce qu'ils savent bien, comme Jocaste au début de *La Thébaïde*, que le « jour détestable » qu'ils redoutaient depuis longtemps, est maintenant arrivé. Si Jocaste apostrophe le soleil, en regrettant qu'il ne soit pas abstenu, pour une fois, de venir éclairer le monde, c'est parce qu'elle pressent, à juste titre, que le jour qui commence, va être celui de la catastrophe qu'elle n'a pas cessé de prédire et que « depuis six mois » elle savait imminente. Roland Barthes en conclut que Jocaste déplore « l'apparition quotidienne de l'astre », parce qu'elle considère qu'elle « est une blessure infligée au milieu naturel de la Nuit ». Non content de prêter à Jocaste un sentiment aussi étrange, Roland Barthes le croit partagé par les autres personnages de Racine et il ne craint pas d'en faire un de ces grands traits à quoi l'on reconnaît « l'homme racinien ».

Certes, si cette conclusion était fondée, elle constituerait un apport tout à fait original aux études raciniennes, jamais personne, à notre connaissance, n'ayant encore fait de semblable remarque. Mais elle n'est totalement inédite que parce qu'elle est d'une stupidité dont on ne saurait assez s'étonner. Et l'on pourrait citer bien d'autres exemples qui, pour être moins caricaturaux que celui de Jocaste, n'en relèvent pas moins de la même erreur fondamentale. Bajazet, enfermé, bien malgré lui, dans le sérail depuis le départ d'Amurat, devient, de ce fait, un « être d'ombre ». Junie pleure lorsqu'elle est enlevée par les soldats de Néron ou lorsqu'elle craint, à très bon droit, de parler à Britannicus pour la dernière fois. Quelle jeune fille n'en ferait autant à sa place ? Est-ce une raison pour voir en elle un « être d'eau » ?

Lorsque la tragédie commence, les personnages de Racine ont généralement déjà vécu de longs mois, et parfois des années, d'attente et de souffrances. Il convient de se le rappeler, avant de voir en eux des êtres foncièrement violents, voire des « bourreaux », comme il convient de se rappeler aussi que les événements qui vont se succéder au cours de la journée tragique, sont particulièrement propres à achever de les pousser à bout. Roland Barthes n'y pense jamais [35]. Dans son Avant-propos il définit « l'homme racinien » comme « un homme enfermé » [36]. Sans doute, comme il le fait souvent, s'abstient-il de nous dire ce qu'il entend exactement par là. Mais le contexte semble indiquer qu'il donne à cette formule une signification essentiellement

35. Il n'est pas le seul, il est vrai. Lucien Goldmann n'y pense jamais, lui non plus. Voulant à tout prix mettre en œuvre les stupides schémas qu'il a construits à partir de postulats absurdes, il préfère croire que la tragédie racinienne est remplie de « fauves ». Charles Mauron n'y pense pas davantage. Ses préjugés freudiens le portent à expliquer le comportement des personnages par de prétendues phobies plutôt que par la situation dans laquelle ils se trouvent. Mais, sans parler de la « nouvelle critique » qui se fait une règle de ne pas tenir compte des textes, il y a, nous l'avons vu, toute une tradition de la critique racinienne qui tend à exagérer considérablement la cruauté des personnages de Racine faute de bien voir avec quelle cruauté, pour faire le mieux possible son travail d'auteur tragique, Racine a lui-même traité ses personnages.
36. *Sur Racine*, p. 10.

psychologique [37], et toutes les analyses de « L'Homme racinien » ne feront que le confirmer. Si Roland Barthes considère « l'homme racinien » comme « un homme enfermé », c'est surtout parce qu'il voit en lui un être prisonnier de ses fantasmes, de ses pulsions, de ses obsessions ou de ses inhibitions. S'il lui arrive de constater qu'un certain nombre de personnages de Racine sont objectivement des prisonniers, il ne trouve pas d'autre explication à nous donner de ce fait qu'une tortueuse raison psychologique : c'est parce que le tyran est irrésistiblement attiré par la captivité qu'il y a, selon lui, beaucoup de captives dans la tragédie racinienne. La captivité, pour Roland Barthes, c'est beaucoup moins la situation dans laquelle se trouve le personnage qui est captif, que la matérialisation des fantasmes de celui qui le retient captif. Il ne lui vient point à l'esprit qu'en réalité c'est le dramaturge qui est attiré par la captivité. Elle constitue pour lui une situation propre à faire naître la pitié chez le spectateur et surtout un moyen très commode pour nouer une action tragique : si Racine enferme, au sens propre du mot, certains de ses personnages, c'est pour les enfermer dans ce qui constitue la véritable prison tragique : le dilemme.

Au delà des personnages captifs, tous les personnages de Racine [38] peuvent effectivement être considérés, à des degrés divers, comme des êtres « enfermés ». Mais, s'ils le sont, ce n'est pas à la façon de l'« homme racinien » de Roland Barthes (celui-ci serait plutôt « un homme à enfermer »), attiré par l'ombre de la prison, voire du tombeau, habité par des pulsions sadiques, hanté par la terreur du Père, obsédé par le désir d'effacer l'injustice de Dieu ; ils le sont parce

37. Roland Barthes explique que son travail est « analytique [c'est-à-dire psychanalytique] dans la forme, parce que seul un langage prêt à recueillir la peur du monde, comme l'est [...] la psychanalyse [lui] a paru convenir à la rencontre d'un homme enfermé » (Sur Racine p. 9-10).
38. Du moins tous ceux des tragédies profanes, à l'exception d'Alexandre où, il faut bien le dire, le génie de Racine dramaturge ne se manifeste guère (et celui du poète, pas beaucoup plus).

qu'ils sont pris au piège, parce qu'ils sont les victimes d'un enchaînement de circonstances soigneusement calculé par le dramaturge. Même Néron, nous l'avons montré, le moins excusable sans doute de tous les personnages de Racine, est, dans une certaine mesure, la victime de l'habileté perfide du dramaturge. S'il tue Britannicus, c'est pour empêcher sa mère de triompher quand elle a perdu et de s'attribuer le succès d'une réconciliation dans laquelle elle n'est, en réalité, pour rien. Car, malheureusement pour Néron, la succession des événements, telle que l'a réglée le dramaturge, rend l'illusion d'Agrippine tout à fait naturelle. Mais jamais dans le *Sur Racine* Roland Barthes ne daigne s'intéresser au déroulement de l'action. Ainsi, dans *La Thébaïde*, il admire ce qui constitue la plus grande faiblesse de la pièce, ce qui contribue le plus à l'empêcher d'être une grande tragédie racinienne, le caractère incompréhensible de la haine d'Etéocle et de Polynice. En revanche, il dédaigne totalement ce qui fait sans doute le principal intérêt de la pièce et qui lui permet d'être déjà, ce que n'est pas *Alexandre*, une tragédie vraiment racinienne, l'habileté de la progression dramatique. De même, si *Phèdre* est pour lui « la plus profonde des tragédies raciniennes », elle « est aussi la plus formelle » : « Dire ou ne pas dire ? Telle est la question » [39]. *Phèdre* lui aurait peut-être paru une tragédie moins « formelle », s'il avait pris la peine de regarder un peu comment elle était faite. Certes, c'est parce que Phèdre parle que la crise éclate. Mais, si Phèdre parle, c'est parce que Racine a fait ce qu'il fallait pour la forcer à

39. *Sur Racine*, p. 115. Le chapitre sur *Phèdre* de la seconde partie de « L'Homme racinien » abonde en formules typiquement barthésiennes, c'est-à-dire abruptes, passablement abstruses et profondément absurdes, mais, de ce fait, bien propres à abasourdir les jobards. Citons seulement le premier paragraphe (tout le reste est de la même veine) : « Dire ou ne pas dire ? Telle est la question. C'est ici l'être même de la parole qui est porté sur le théâtre : la plus profonde des tragédies raciniennes est aussi la plus formelle ; car l'enjeu tragique est ici beaucoup moins le sens de la parole que son apparition, beaucoup moins l'amour de Phèdre que son aveu. Ou plus exactement encore : la nomination du mal l'épuise tout entier, le Mal est une tautologie, *Phèdre* est une tragédie nominaliste » (*Ibid.*).

110

rompre le silence. « Dire ou ne pas dire ? », telle est bien la question qui, pour Phèdre, ne se pose pas, tant la réponse négative s'impose. Elle s'impose tellement que Phèdre a finalement choisi de se laisser mourir « pour ne point faire un aveu si funeste » [40] et n'a, depuis trois jours, pris aucune nourriture [41]. Malheureusement pour elle, cet ultime effort de Phèdre qui pense avoir trouvé le moyen le plus sûr et le plus radical de sceller définitivement le silence qu'elle veut à tout prix garder, Racine va faire en sorte qu'il se retourne contre elle et la conduise, au contraire, à parler pour la première fois. Nous l'avons vu, Œnone, comprenant que sa maîtresse est en train de se laisser mourir, va déployer une énergie farouche pour lui arracher de vive force un aveu auquel Phèdre ne se serait, d'ailleurs, jamais laissée aller, si elle n'avait eu tout lieu d'être persuadée qu'il ne pouvait avoir aucune conséquence : elle était sur le point de mourir et assurément Œnone n'aurait jamais souillé sa mémoire en trahissant son secret. Mais le dramaturge n'attendait que ce moment pour faire annoncer la fausse nouvelle de la mort de Thésée et s'en servir pour conduire Phèdre à avouer, malgré elle, son amour à Hippolyte, comme il n'attendait que ce moment encore pour faire revenir Thésée. Ce n'est pas le lieu de montrer d'une manière exhaustive quelle extraordinaire malchance, voulue par le dramaturge, poursuit le personnage de Phèdre, comme elle poursuit aussi les autres personnages de la pièce [42]. Nous voulons simplement noter que, pour dire sur Phèdre quelque chose qui vaille, il faut évidemment tenir compte de cette malchance, comme il faut en tenir compte pour la plupart des personnages de Racine qui sont d'abord des êtres que la malchance accable, une

40. Voir acte I, scène 3, vers 226.
41. Voir *Ibid.*, vers 193-194.
42. « Toute la pièce, écrit justement M. Bénichou, est agencée comme une suite de pièges où toute volonté est déjouée, où l'action contredit ironiquement l'intention. Œnone perd Phèdre en voulant l'aider, Hippolyte en croyant se justifier devant son père, lui fait une confidence qui lui coûtera la vie, Thésée se souille d'un meurtre en voulant purifier sa maison » (*L'Ecrivain et ses travaux*, p. 320).

malchance dont ils accusent les dieux ou la fatalité, faute de savoir que le vrai responsable est le dramaturge. Mais, qu'il s'agisse de Phèdre, d'Hermione ou de tout autre personnage, les analyses de Roland Barthes ne tiennent aucun compte du sort qui s'acharne à les persécuter.

« Formons l'hypothèse, écrit M. Jean-Louis Backès dans les dernières pages de son livre, que les tragédies de Racine ne sont ni des traités de théologie, ni des pamphlets politiques, ni des discours moraux, ni des essais philosophiques. Disons, avec toute la prudence requise, car nous ne savons pas bien ce que le mot signifie, que ce sont des œuvres d'art [...] Disons-le simplement pour indiquer un chemin à suivre. Un chemin qui se détourne de la question : qu'est-ce que cela représente ? Pour s'ouvrir sur une autre, plus modeste et peut-être infinie : comment cela est-il fait ? »[43]. Certes M. Backès a raison : les tragédies de Racine sont d'abord des œuvres d'art et la question qui se pose au critique est d'abord de savoir comment elles sont faites. Il a même tellement raison qu'on peut trouver qu'il enfonce des portes ouvertes et s'étonner de le voir présenter une évidence comme « une hypothèse ». Pourtant, si M. Backès a vaguement le sentiment de faire preuve d'originalité, voire d'audace, en énonçant des lapalissades, il n'a, malheureusement, pas tout à fait tort : l'essor des sciences humaines, en général, et de la « nouvelle critique », en particulier, a tellement fait progresser les esprits qu'il est devenu nécessaire d'expliquer à des intellectuels, voire à des universitaires chevronnés, ce que logiquement on oserait à peine expliquer à de jeunes enfants. Malgré le caractère un peu ridicule de sa présentation, nous aurions donc vivement approuvé le propos de M. Backès, s'il n'avait cru bon d'ajouter, pour conclure : « Et souhaitons que sur cette question-là [comment cela est-il fait ?] au moins puissent se rencontrer Raymond Picard et Roland Barthes, hier adversaires irréconciliables, aujour-

43. *Racine*, p. 170.

d'hui réunis dans la mort »[44]. Comme quelques autres, M. Backès affecte de se situer au-dessus de la mêlée, croyant prouver par là la hauteur de son esprit, mais la réconciliation dont il rêve, est tout à fait impossible. Car, si, pour Raymond Picard, les tragédies de Racine sont assurément des œuvres d'art dont le critique doit essayer de voir comment elles sont faites, en revanche, nous croyons l'avoir suffisamment montré tout au long de ce travail, tel n'est jamais le principe qui inspire les analyses du *Sur Racine*.

Outre que Roland Barthes méconnaît continuellement tout ce qui fait que les tragédies de Racine sont des œuvres d'art, outre que ses interprétations constituent même autant de contresens sur le plan esthétique (les tragédies de Racine ne seraient certainement pas des œuvres d'art, si, par malheur, les personnages de Racine ressemblaient à « l'homme racinien » de Roland Barthes), la totale indifférence que Roland Barthes témoigne à l'art de Racine, se manifeste encore *a contrario* par le fait qu'il n'émet jamais aucune réserve, qu'il ne formule jamais aucun regret, bref, qu'il fait preuve à l'égard de Racine d'une constante et complète absence d'esprit critique. Même les raciniens les plus fervents reconnaissent, comme le fait Raymond Picard, que, dans *Alexandre*, « de toute évidence, Racine [...] ne s'est pas trouvé »[45]. En fait, c'est justement parce qu'ils admirent l'art de Racine qu'*Alexandre* ne leur paraît pas vraiment digne de son auteur, et, s'ils cherchent à expliquer l'échec de cette tragédie, ce n'est que pour mieux comprendre la réussite des autres[46]. En revanche, si Roland Barthes considère qu'*Alexandre*, de même qu'*Iphigénie*, n'est que très partiellement une tragédie[47], rien, dans ses propos,

44. *Ibidem.*
45. *O.C.I.*, p. 174.
46. « Se demander pourquoi l'on n'aime guère *Alexandre*, écrit Raymond Picard, c'est s'interroger sur les raisons qui font apprécier *Bérénice* ou *Phèdre* » (Ibid., p. 173).
47. Voici ce qu'il écrit dans le dernier paragraphe du chapitre consacré à *Alexandre* : « La façon dont tout le monde exorcise en quelque sorte l'échec de Taxile est fort curieuse, car elle annonce déjà une autre tragédie de Racine, qui présente le même genre d'oblation

n'indique que la pièce lui semble moins intéressante que les autres. De même, on chercherait en vain dans le chapitre qu'il a consacré à *Esther*, les remarques plus ou moins ironiques, voire franchement sarcastiques, que la pièce inspire souvent — et c'est bien naturel — aux commentateurs [48]. L'imperturbable Roland Barthes prend toujours tout au sérieux : rien ne le fait sourire, rien ne le laisse perplexe, rien ne lui paraît jamais invraisemblable, malvenu ou saugrenu. Nous l'avons vu, les vers eux-mêmes où Etéocle évoque la « guerre intestine » que son frère et lui se

et aura le même succès qu'*Alexandre* : *Iphigénie*. Dans ces deux œuvres la tragédie est indirecte, reléguée : dérisoire dans *Alexandre* sous les traits de Taxile, secondaire dans *Iphigénie* sous ceux d'Eriphile. Ici et là, c'est le personnage noir qui prend sur lui la tragédie et en libère un peuple d'acteurs qui ne demandent qu'à vivre » (*Sur Racine*, p. 78).

48. Citons seulement les dernières lignes du chapitre qui montrent bien que Roland Barthes prend *Esther* très au sérieux : « *Esther* n'est pas seulement un divertissement circonstanciel d'enfants ; elle est promotion véritable de l'enfance, confusion triomphante de l'irresponsabilité et du bonheur, élection d'une passivité délicieuse, savourée par tout un chœur de vierges-victimes, dont les chants à la fois louanges et plaintes, forment comme le *milieu* — sensuel — du bonheur racinien » (*Sur Racine*, p. 126).
   Fort heureusement, bien que grand racinien et Professeur à la Sorbonne, Raymond Picard se montre beaucoup moins révérencieux à l'égard d'*Esther* que l'auteur des *Mythologies* : « Esther, Aman, Assuérus, Mardochée sont des personnages sans épaisseur, qui, souvent, n'arrivent pas à dissimuler la trame du récit biblique sur lequel ils sont tissés. Cette tapisserie orientale, dont le sujet est tiré de l'Écriture, a l'exotisme anodin, conventionnel, et charmant de certains Gobelins, mais la psychologie des figures ne saurait être qu'à deux dimensions. Aman est tout méchant ; Esther est toute bonne. Assuérus-Croquemitaine fait la grosse voix, mais il est rempli de bons sentiments » (*O.C.*I., p. 808).
   Mais c'est sans doute Pierre Brisson qui a écrit, sur *Esther*, dans *Les deux Visages de Racine*, les pages les plus caustiques. Tout le chapitre qu'il consacre à cette pièce, est d'un ton très ironique. Citons seulement quelques formules : « Racine met un soin de mère abbesse à édulcorer le récit de l'Ecriture » (p. 201) ; « Comparé à l'Acomat de *Bajazet*, Aman, favori d'Assuérus, montre une perfidie d'enfant de chœur » (p. 203) ; « Confondu par Esther au troisième acte, il [Aman] s'effondre, embrasse les genoux de la reine, claque des dents, jure qu'il adore les Juifs, propose de faire tout ce qu'on voudra [...] Esther le rejette du pied comme une vieille pantoufle » (p. 205). L'ironie de Pierre Brisson n'épargne pas, non plus, le récit biblique qu'il résume d'une manière aussi narquoise que rapide : « [...] Une vaste battue s'organise pour lui [Assuérus] choisir de jeunes vierges dignes de son appétit. On les rassemble à Suze dans le palais des femmes. Chacune d'elles doit mariner six mois dans la myrrhe et six mois dans d'autres aromates avant de subir un soir l'essai royal. Et c'est de ce concours qu'Esther sort triomphante ; Esther à qui le supplice d'Aman ne suffira pas et qui exigera que ses dix fils soient pendus » (p. 209-210). Sur ce point, Pierre Brisson s'est d'ailleurs souvenu des remarques très voltairiennes que Jules Lemaître avait faites sur le livre d'*Esther* (voir *Jean Racine*, p. 279-282) et il lui a même emprunté textuellement, sans le dire, la notation humoristique des femmes qui doivent « mariner six mois dans la myrrhe et six mois dans d'autres aromates ». Il est piquant de le constater : on trouve plus de liberté d'esprit dans la « vieille critique », voire dans la très vieille, que dans la « nouvelle ».

114

sont livrée dans le sein de Jocaste, loin de lui sembler ridicules, lui suggèrent une paraphrase tout à fait grotesque. Totalement insensible à l'art de Racine dont il méconnaît toutes les réussites les plus admirables, Roland Barthes est aussi incapable d'en reconnaître les quelques ratés. Ce qui l'intéresse, ce qu'il admire chez Racine, ne s'y trouve jamais, si ce n'est, mais c'est heureusement très rare, lorsque Racine s'est manifestement trompé, comme c'est le cas pour la « haine physique » d'Etéocle et de Polynice.

Un livre de critique qui témoigne d'une complète et continuelle cécité à l'égard des œuvres qu'il prétend éclairer, n'en faisant jamais voir ni les qualités, fussent-elles éclatantes, ni les défauts, doit assurément être considéré comme parfaitement nul, du moins en tant que livre de critique. Tel est, croyons-nous, le cas du *Sur Racine*. Aussi bien l'attitude de Roland Barthes à l'égard des tragédies de Racine, et d'une manière plus générale à l'égard des œuvres littéraires, est-elle tout le contraire de ce que doit être l'attitude d'un critique digne de ce nom à l'égard des œuvres qu'il choisit d'étudier. En saine logique, ce n'est pas seulement au sens chronologique que le critique vient après l'écrivain : seconde dans le temps, l'œuvre du critique est aussi toujours secondaire par rapport à celle de l'écrivain. Mais, bien sûr, l'auteur du *Roland Barthes par Roland Barthes* dans la collection « Ecrivains de toujours » n'est pas homme à se contenter de jouer les seconds rôles. Aussi proteste-t-il vivement, notamment dans *Critique et vérité*, contre la distinction traditionnelle entre le créateur et le critique et revendique-t-il hautement pour le second le statut d'écrivain à part entière [49]. Et, en réalité,

---

49. « Est écrivain celui pour qui le langage fait problème, qui en éprouve la profondeur, non l'instrumentalité ou la beauté. Des livres critiques sont donc nés, s'offrant à la lecture selon les mêmes voies que l'œuvre proprement littéraire, bien que leurs auteurs ne soient, par statut, que des critiques, et non des écrivains. Si la critique nouvelle a quelque réalité, elle est là : non dans l'unité de ses méthodes, encore moins dans le snobisme qui, dit-on commodément, la soutient, mais dans la solitude de l'acte critique, affirmé désormais, loin des alibis de la science ou des institutions, comme un acte de pleine écriture. Autrefois séparés par le mythe usé du « *superbe créateur et de l'humble serviteur, tous deux nécessaires, chacun à sa place*, etc.* », l'écrivain et le critique se rejoignent dans la même condition difficile, face au même objet : le langage » (*Critique et vérité*, p. 46-47).

s'il n'ose pas le dire ouvertement, il pense même au fond de lui que le plus important n'est pas l'écrivain, mais le critique, du moins s'il s'agit d'un « nouveau critique » et surtout s'il s'appelle Roland Barthes. Dans le cas particulier de Racine, la relative importance qu'il a fini par prendre aux yeux de Roland Barthes, tient beaucoup moins à son œuvre en elle-même qu'aux controverses qu'elle a fait naître et au fait qu'il est l'auteur « dont notre critique s'est le plus occupée ces derniers temps » [50]. Le dédain que Roland Barthes a toujours éprouvé, même après le *Sur Racine*, pour une œuvre qu'il jugeait académique et surannée, s'est ainsi trouvé étrangement associé à une sorte de considération respectueuse pour un auteur qui a retenu l'attention et inspiré les travaux d'un Lucien Goldmann et d'un Charles Mauron et qui, surtout, a su susciter ce livre si neuf, si stimulant, et, sans doute, tout simplement, génial : le *Sur Racine*[51].

Racine n'est pas du tout la fin du *Sur Racine*, il n'en est pas l'objet : il n'en est qu'un simple, qu'un vague support. Pour Roland Barthes l'œuvre littéraire est une espèce de mannequin sur lequel le critique essaie, selon ses goûts, tel ou tel langage à la mode [52]. Il ne s'agit pas de mettre à nu les tragédies de Racine, de les examiner, de les ausculter, mais, au contraire, de les habiller, au goût du jour bien sûr. Il ne s'agit pas, pour Roland Barthes, de *découvrir* Racine, mais plutôt de le *recouvrir* [53], de « faire flotter » [54] ses fariboles au-

---

50. *Sur Racine*, quatrième de couverture.

51. Pour les jobarthiens, Racine n'est plus l'auteur de *Phèdre* ou d'*Andromaque* : il est l'auteur sur lequel Roland Barthes a écrit le *Sur Racine*.

52. Cette conception qui sera développée dans les dernières pages de *Critique et vérité* (p. 63 sq.), apparaît déjà dans la troisième étude du *Sur Racine*, « Histoire ou littérature ? », (voir p. 166) et dans la quatrième de couverture : « Parler de Racine, ce n'est donc nullement proposer une vérité définitive de Racine, c'est participer à notre propre histoire en essayant sur Racine *notre* langage : celui qui est utilisé ici doit beaucoup à la psychanalyse et au structuralisme, sans cependant prétendre les accomplir l'une et l'autre. [...] l'auteur [...] confronte Racine avec l'un des langages possibles de notre temps ».

53. « La « preuve » critique, si elle existe, dépend d'une aptitude, non à *découvrir* l'œuvre interrogée, mais au contraire à la *couvrir* le plus complètement possible par son propre langage » (« Qu'est-ce que la critique ? », *Essais critiques*, p. 256).

54. Voir *Critique et vérité*, p. 64 : « Le critique dédouble les sens, il fait flotter au-dessus du premier langage de l'œuvre un second langage, c'est-à-dire une cohérence de signes ».

dessus du texte racinien. Il ne s'agit pas de « *dire vrai* sur Racine » [55], mais d'écrire du Roland Barthes sur Racine. Il ne s'agit pas de servir Racine, mais de s'en servir. Car Roland Barthes a finalement compris que tout ce qui le rebutait chez Racine, tout ce qui faisait de lui l'écrivain classique par excellence, « l'auteur le plus *transparent* de notre littérature » [56], tout cela rendait justement son entreprise plus piquante et plus propre encore à impressionner les jobarthiens. Essayer de ne dire que du neuf et de l'insolite sur un auteur vieux de trois siècles, aussi classique, aussi commenté et aussi limpide, peut, en effet, passer pour une gageure [57]. A priori fabriquer du Roland Barthes à partir de Racine n'est pas précisément une chose facile.

Il y a, dans *Critique et vérité*, une formule très curieuse,

55. Selon Roland Barthes, il est impossible de « dire vrai » sur Racine, en particulier, et sur la littérature, en général : « reconnaître cette impuissance à *dire vrai* sur Racine, c'est précisément reconnaître enfin le statut spécial de la littérature » (« Histoire ou littérature ? », *Sur Racine*, p. 166). Ce point de vue, pour être, de nos jours, très répandu, n'en est pas moins stupide.

56. *Sur Racine*, quatrième de couverture.

57. Roland Barthes n'est pas le seul à avoir fait ce raisonnement. Lucien Goldmann avouait volontiers qu'en arrivant en France, il n'avait aucunement l'intention d'écrire un livre sur Pascal et Racine. Mais, ayant demandé autour de lui ce qu'il pourrait bien faire pour étonner les Français, il s'était entendu répondre que le plus sûr moyen de les épater serait de leur montrer qu'ils n'avaient rien compris à leurs grands écrivains classiques les plus spécifiquement français, comme Pascal ou Racine. C'est là, sans doute, une des grandes raisons qui expliquent pourquoi la « nouvelle critique » a fait de Racine son cheval de bataille. Une autre raison, qui pourrait avoir joué un rôle assez important tient à la dimension qu'on peut dire moyenne, de l'œuvre de Racine. Pour se prêter aisément aux différents systèmes de « décodage » utilisés par les « nouveaux critiques », l'œuvre littéraire ne doit être ni trop restreinte ni trop étendue. Trop restreinte, elle ne leur offre pas assez d'étoffe pour confectionner leurs fariboles et pour bâtir leurs balivernes. Trop étendue, la matière devient plus difficile à travailler. Dans la mesure où la « nouvelle critique », suivant l'expression de M. Jean-Pierre Richard, se veut « totalitaire » (voir « Quelques aspects nouveaux de la critique littéraire en France », *Le Français dans le Monde,* mars 1963), dans la mesure où elle prétend expliquer, comme Lucien Goldmann, chaque œuvre particulière à partir de sa place dans l'ensemble plus vaste de l'œuvre entière de l'écrivain (voir *Le Dieu caché*, p. 383), s'il faut que l'œuvre soit assez riche pour constituer un véritable corpus, et suffisamment variée, il est préférable, pourtant, qu'elle ne le soit pas trop, sinon il devient très difficile d'en proposer une vision globale, fût-elle tout à fait arbitraire. L'œuvre de Racine représente, à cet égard, un corpus quasi idéal. Si Racine n'avait écrit que trois ou quatre tragédies ou si son œuvre avait présenté moins de diversité, un Charles Mauron aurait eu beaucoup moins de facilités pour déformer les pièces les unes à partir des autres, en les « superposant » arbitrairement ; si Racine avait écrit une trentaine de pièces ou si son œuvre avait offert moins d'unité, le même Charles Mauron aurait eu beaucoup plus de difficultés à fabriquer son « mythe personnel » de Racine.

mais aussi très révélatrice. Répondant à Raymond Picard, Roland Barthes écrit : « Dire que les personnages (d'*Andromaque*) sont « *des individus forcenés que la violence de leur passion*, etc. », c'est éviter l'absurde au prix de la platitude, sans se garantir forcément contre l'erreur »[58]. La formule : « c'est éviter telle chose au prix de telle autre » implique, semble-t-il, que l'on considère la seconde comme un mal plus grand que la première. Autant, donc, il serait naturel de reprocher à quelqu'un d'« éviter la platitude au prix de l'absurde », autant il est saugrenu de lui reprocher d'« éviter l'absurde au prix de la platitude »[59]. Ainsi, pour Roland Barthes, et l'aveu est de taille, l'absurde, quand il le voit, ce qui pourtant n'arrive pas souvent, est un moindre mal par rapport à la platitude. C'est qu'il s'agit, pour lui, d'ébahir à tout prix, et, pour ce faire, il est prêt à dire n'importe quoi plutôt que de dire ce que d'autres ont déjà dit ou ce que d'autres pourraient dire.

Qu'on le veuille ou non, la pratique de la critique littéraire implique nécessairement que l'on accepte une certaine platitude qui est la loi même du genre. S'il n'est, certes, ni nécessaire ni souhaitable de cultiver la platitude avec toute la constance et tout le zèle que beaucoup d'universitaires mettent à le faire[60], il n'en est pas moins vrai que la tâche du

58. *Critique et vérité*, p. 19.
59. Ajoutons que le reproche de platitude adressé ici à Raymond Picard est particulièrement déplacé. Car, en isolant ces quelques mots de leur contexte, Roland Barthes a fait preuve d'une malhonnêteté éhontée. Pour en juger, il convient d'abord de citer toute la phrase de Raymond Picard qui a écrit : « Les personnages [d'*Andromaque*] sont des individus forcenés que la violence de leur passion, lorsque la tragédie commence, a déjà libérés presque complètement de leurs devoirs politiques et moraux » (*Nouvelle Critique ou nouvelle imposture*, p. 30). Il convient aussi, il convient surtout de rappeler pourquoi Raymond Picard a cru devoir faire cette remarque. Ce n'était aucunement pour dire quelque chose d'original, mais seulement pour réfuter les affirmations stupides de Roland Barthes. Celui-ci, nous le savons, voit dans Oreste et plus encore dans Hermione des êtres farouchement attachés à la Légalité, des défenseurs acharnés de la Patrie et de la Religion. Non content d'obliger continuellement ses contradicteurs à rappeler des évidences, Roland Barthes a encore le culot de le leur reprocher.
60. Je l'ai déjà dit dans mon Avant-propos, mais je tenais à le redire ici, je me sens particulièrement à l'aise pour rappeler, contre les extravagances et les absurdités de la « nouvelle critique », que la platitude fait d'une certaine façon partie des droits et des devoirs du critique. Je suis, en effet, parfaitement conscient du fait que la critique

critique est d'abord d'expliquer les œuvres et *expliquer*, l'étymologie nous l'apprend, c'est *déplier*, c'est donc, d'une certaine façon, *aplatir*. Le critique s'emploie à *démonter* l'œuvre pour comprendre et pour faire comprendre comment elle est construite. Quoi que puisse dire Roland Barthes, la critique a nécessairement un aspect scolaire ; elle est nécessairement, pour une large part, une forme de paraphrase, puisque la tâche du critique est d'abord et surtout de se mettre à la place de l'écrivain à sa table et d'essayer de reconstituer le travail qu'il a accompli [61].

Si Roland Barthes prétend rapprocher le critique et l'écrivain jusqu'à les mettre sur le même plan, c'est parce qu'il les définit l'un et l'autre d'après lui-même qui n'est, hélas ! ni l'un ni l'autre. On trouve, d'ailleurs, à la fin de *Critique et vérité*, deux lignes qui constituent à cet égard un double aveu. Pour montrer combien, selon lui, il y a peu de distance entre l'écrivain et le critique, Roland Barthes écrit,

---

universitaire dite traditionnelle n'en reconnaît souvent point d'autres. Je sais fort bien qu'on peut lire quantité de thèses de huit cents ou de mille pages, voire davantage, sans jamais y trouver une réaction un peu personnelle, une pointe d'humeur, une note d'humour, une remarque piquante, ni même une simple trouvaille de style. Le plus irritant, c'est que les universitaires qui ont écrit les ouvrages les plus assommants, ne supportent pas, d'ordinaire, qu'on veuille essayer d'être un peu moins assommants qu'eux. J'en connais qui prennent des airs effarouchés, dès qu'ils rencontrent la moindre plaisanterie dans un travail dit universitaire, qui pâlissent, qui verdissent, dès qu'ils tombent sur une expression un peu vigoureuse. D'une façon générale, il y a, dans l'Université française, une tradition d'uniformité de ton et de grisaille qui me paraît très regrettable.

61. Jean Pommier me paraît avoir fort bien dit ce que doit être, pour l'essentiel, la tâche d'un critique : " « L'on ne sait bien que ce que l'on a fait » : je proposerais volontiers cette phrase de Berthelot à la méditation de quiconque s'intéresse aux grandes œuvres de l'esprit. Qu'il s'agisse d'un roman, d'une pièce de théâtre, d'un poème, etc., placez-vous au point de vue de l'auteur, réalisez le problème technique qu'il s'est posé — d'après son genre et ses habitudes d'esprit, les données qui l'entouraient, les circonstances où son acte devait s'insérer — calculez les résistances du sujet et les ressources du génie, réinventez ses combinaisons : je ne prétends pas que votre tâche sera facile et sans risques, mais vous avez chance de renouveler la critique d'un ouvrage sur lequel tout semble avoir été dit. En serrant de près le processus de la création, vous couperez à la racine des erreurs d'interprétation dont autrement il est bien difficile de se défaire " (*Aspects de Racine*, p. 181-182). Jean Pommier a mille fois raison de considérer qu'une œuvre d'art est le résultat d'une succession de calculs et de choix. Il a mille fois raison de penser qu'expliquer une œuvre, c'est, en grande partie, refaire après l'auteur ces calculs et ces choix. Malheureusement ces calculs et ces choix, dans la mesure où ils sont conscients et volontaires, n'intéressent guère la « nouvelle critique ». Ce qui compte, pour elle, ce n'est pas ce que l'auteur a dit parce qu'il a voulu le dire, mais ce que, paraît-il, il a dit sans le savoir.

en effet : « Combien d'écrivains n'ont écrit que pour avoir lu ? Combien de critiques n'ont lu que pour écrire ? » [62]. Certes, s'il y a quelqu'un qui n'écrit que pour avoir lu et ne lit que pour écrire, c'est bien Roland Barthes. Mais ce n'est pas l'écrivain et le critique qui ainsi se rejoignent en lui : c'est le cuistre et le phraseur. S'il est vrai que les écrivains ont généralement été d'abord de grands lecteurs, ils ne sont devenus ensuite des écrivains dignes de ce nom que s'ils n'ont pas écrit *que* pour avoir lu. Est écrivain, en effet, non pas « celui pour qui le langage fait problème », comme le dit si sottement Roland Barthes [63], mais, bien qu'il proteste contre cette évidence « naïve », affirmant que « l'écriture » n'exprime pas « le sujet », mais « son absence » [64], est écrivain celui qui a quelque chose à dire. Roland Barthes, lui, n'a jamais rien eu à dire, et, pourtant, il a toujours eu envie d'être un écrivain. Certes, s'il était possible d'être un écrivain sans écrire, Roland Barthes se serait sans doute très volontiers passé d'écrire [65]. Mais, obligé d'écrire, il est ainsi

62. *Critique et vérité*, p. 79.
63. Ce snobisme ridicule qui fait du langage le grand, voire le seul problème, a été justement dénoncé par M. E.-M. Cioran : « L'obsession du langage, toujours assez vive en France, n'y a jamais été aussi virulente,et aussi stérilisante, qu'aujourd'hui : on n'y est pas loin de promouvoir le moyen, l'intermédiaire de la pensée en unique objet de la pensée, voire en substitut de l'absolu, pour ne pas dire de Dieu. [...] Que l'écrivain se garde bien de réfléchir trop sur le langage, qu'il évite à tout prix d'en faire la matière de ses hantises, qu'il n'oublie pas que les œuvres importantes ont été faites *en dépit* du langage. Un Dante était obsédé par ce qu'il avait à dire, non par *le* dire » (*Valéry face à ses idoles*, p. 38-39). Julien Benda avait déjà diagnostiqué ce mal dans *La France byzantine* (notamment p. 140-141). Il a pris, depuis, des proportions que Benda ne pouvait prévoir.
64. Voir *Critique et vérité*, p. 70 (J'ai cité le passage dans mon Avant-propos). Certes, quand on lit les œuvres de Roland Barthes, on se convainc aisément que « le sujet n'est pas une plénitude individuelle [...], mais au contraire un vide » (*Ibid.*). Mais c'est justement ce qui l'empêche absolument d'être un écrivain.
65. Comment pourrait-on aimer écrire quand on n'a rien à dire ? Ce doit être, au contraire, très ennuyeux et très déprimant. Cela, d'ailleurs, se lit facilement entre les lignes dans les nombreuses confidences que Roland Barthes a livrées aux journalistes, comme dans les aveux du *Roland Barthes par Roland Barthes*, où le fragment intitulé « La peur du langage » commence ainsi : « Écrivant tel texte, il éprouve un sentiment coupable de jargon, comme s'il ne pouvait sortir d'un discours fou à force d'être particulier : et si toute sa vie, en somme, *il s'était trompé de langage ?* » (p. 118). Comment ne pas lire derrière cette question qu'il souligne en la mettant en italiques, une autre question plus brutale et plus essentielle, une question qu'il n'ose pas vraiment regarder en face, mais qui ne peut pas ne pas le tourmenter secrètement : et si toute sa vie, en somme, il n'avait écrit que des conneries ? Citons aussi le fragment intitulé « La Papillonne » où il nous dit combien il lui est pénible

obligé aussi de lire pour trouver quelque chose à dire. Les confidences qu'il a faites à des journalistes sur sa pratique « fétichiste » de la lecture, montrent bien qu'il cherche avant tout dans les livres des aliments pour nourrir ses sornettes, des éléments pour fabriquer ses balivernes et bricoler ses fariboles.

Pas plus qu'un écrivain digne de ce nom n'écrit *que* pour avoir lu, un critique digne de ce nom ne lit *que* pour écrire. Un véritable critique est d'abord un véritable lecteur, et un véritable lecteur aime les livres pour eux-mêmes, pour ce qu'ils sont et non pour ce qu'il peut en faire. Mais, non content de considérer que le critique a autant d'importance que l'écrivain, Roland Barthes, au fond de lui, pense même qu'il en a beaucoup plus et que la véritable justification de l'œuvre littéraire est d'exciter l'ingéniosité des critiques. Pour lui, comme hélas ! pour beaucoup de critiques contemporains, les plus grandes œuvres sont celles qui sont susceptibles des interprétations les plus diverses, voire les plus divergentes, et dont on pourra toujours, indéfiniment, proposer des « lectures » nouvelles [66]. A cette absurde

de se relire : « C'est fou le pouvoir de diversion d'un homme que son travail ennuie, intimide ou embarrasse : travaillant à la campagne (à quoi ? à me relire, hélas !), voici la liste des diversions que je suscite toutes les cinq minutes : vaporiser une mouche, me couper les ongles, manger une prune, aller pisser, vérifier si l'eau du robinet est toujours boueuse (il y a eu une panne d'eau aujourd'hui), aller chez le pharmacien, descendre au jardin voir combien de brugnons ont mûri sur l'arbre, regarder le journal de radio, bricoler un dispositif pour tenir mes paperolles, etc : *je drague* » (p. 76). On comprend que Roland Barthes préfère se couper les ongles ou aller pisser plutôt que de se relire : lire du Roland Barthes en se disant qu'on est celui qui a écrit ça, doit être, en effet, très éprouvant.

66. Il ne se passe pratiquement pas de semaine, voire de jour, sans qu'on puisse lire ce genre de propos sous la plume de tel ou tel critique. Ainsi, aujourd'hui même, et c'est pourquoi je le cite plutôt qu'un autre, dans un article de M. Michel Contat qui rendait compte du livre de M. Jean Bellemin-Noël « *Gradiva* » *au pied de la lettre*, j'ai pu lire cette phrase, la dernière de l'article : « Le bénéficiaire de ces interprétations qui s'emboîtent à l'infini, c'est le texte de Jensen, rendu à l'illimitation du sens, comme toutes les œuvres assurées de durer » (*Le Monde*, 5 août 1983, p. 11). La formule prétentieuse et grotesque de M. Contat a du moins le mérite de mieux faire éclater l'absurdité du propos : l'idée de « sens » impliquant, en effet, celle de « limitation », il ne peut y avoir « illimitation du sens » que dans l'absence de sens. Malheureusement, le sentiment aigu qu'ils ont de la richesse des grandes œuvres, entraîne souvent des universitaires pourtant fort peu portés à « décoder » à utiliser des formules très imprudentes qui, prises à la lettre, rejoindraient le stupide propos de M. Contat. Quitte à passer pour un philistin tout à fait borné, il me

conception « polysémique » de l'œuvre littéraire, correspond une conception également absurde du rôle du critique dont l'idéal semble être aujourd'hui de dire le plus de choses possible sur le moins de texte possible [67].

Si le *Sur Racine* ne peut donc rien nous apprendre sur Racine, il constitue, en revanche, avec son prolongement théorique, *Critique et vérité*, un document tout à fait extraordinaire non seulement sur la crise actuelle de la critique, mais, plus généralement, sur cette grande crise de l'esprit

paraît donc très nécessaire d'oser dire clairement, bien qu'il soit devenu banal de dire le contraire, qu'on ne peut pas renouveler indéfiniment l'interprétation des œuvres littéraires, fussent-elles les plus grandes et les plus riches qui soient. Il faut oser dire que, s'agissant d'un auteur vieux de trois siècles, aussi connu et aussi commenté que Racine, il est absurde de vouloir, comme Charles Mauron, Lucien Goldmann ou Roland Barthes, nous proposer des interprétations générales de son œuvre qui soient vraiment nouvelles. On peut, certes, sur tel ou tel point du texte ou sur tel ou tel aspect de l'œuvre, apporter à ce qui a été déjà dit par la critique, des compléments, des précisions ou des corrections ; on ne peut pas prétendre projeter sur l'ensemble de l'œuvre de Racine ou même seulement sur telle ou telle de ses tragédies un éclairage qui les fasse apparaître sous un jour tout nouveau. Il faut se rendre à l'évidence : tout n'a pas encore été dit sur Racine, mais l'essentiel a été dit.

67. Cette absurde ambition transparaît dans les *Microlectures* de M. Jean-Pierre Richard. Il a choisi de n'étudier, dans ce livre, que de petites unités. C'est, bien sûr, tout à fait son droit. Mais il est difficile de ne pas être très inquiet quand on lit, tout à la fin de l'Avant-propos : « A partir de cette minimité, même, de sa fragilité et de son détachement, voire de sa fuite, ou de son manque (pour nous, l'écriture ?), nous savons bien que *tout* peut être dit » (p. 11). Cette phrase pourrait être de Roland Barthes, aussi bien pour le fond que pour la forme (tout le livre de M. Jean-Pierre Richard est hélas ! écrit comme un pastiche de Roland Barthes et il est, d'ailleurs, assez piquant de noter qu'il a dû être rédigé à peu près en même temps que le *Roland Barthes sans peine* de MM. Burnier et Rambaud, publié quelques mois plus tôt). M. Jean-Pierre Richard utilise notamment la même formule que Roland Barthes (« nous savons bien que ») pour essayer d'imposer à ses lecteurs comme une vérité définitivement admise maintenant, du moins par ceux qui sont à la page, une affirmation qui, pour ceux qui se fient au jugement du sens commun plutôt qu'aux opinions de l'avant-garde, est inacceptable. La phrase de M. Jean-Pierre Richard est, d'ailleurs, ambiguë. On peut être tenté de donner à *tout* un sens absolu et de comprendre qu'à partir de presque rien, on peut toujours dire tout ce qu'on veut, c'est-à-dire n'importe quoi, et certains ne s'en privent pas. Il est pourtant très probable (mais il aurait mieux valu éviter tout risque d'ambiguïté) que M. Jean-Pierre Richard a seulement voulu dire qu'à partir d'un court fragment d'une œuvre, on pouvait dire tout ce qu'il y avait à dire sur l'ensemble de l'œuvre et sur l'art de son auteur. Mais, même interprétée de cette façon, l'affirmation est tout à fait indéfendable. Si on se demande ce qu'on peut dire sur l'ensemble d'une œuvre, à partir d'un court fragment, le sens commun répond tout de suite, si on veut bien prendre la peine de le consulter, que cela dépend, d'une part, de la nature de l'œuvre (quand il s'agit d'un poète, on peut, d'ordinaire, se faire plus aisément une idée de son art à partir d'un texte très court que quand il s'agit d'un romancier ou d'un dramaturge) et, d'autre part, du fragment en question : s'il y a des fragments très riches, sur lesquels il y a beaucoup de choses à dire, il y en a de moins riches, sur lesquels il y a moins à dire et il y en a parfois sur lesquels il n'y a pas grand'chose à dire. Mais, malgré M.

122

critique, qui couvait assurément depuis fort longtemps [68], mais qui a atteint son paroxysme, depuis une trentaine d'années, grâce au développement des sciences humaines, et qui semble devoir durer encore, même si, depuis quelque temps, on croit observer, sur le marché de l'absurdité, un certain ralentissement des arrivages. Quoi qu'il en soit, les gens de ma génération qui ont commencé à suivre d'assez près la vie intellectuelle dans les années cinquante, ont eu le triste privilège d'assister à un déferlement sans précédent de sornettes en tout genre, à une floraison, à une prolifération véritablement affolantes de fariboles de toute sorte. Jamais, sans doute, on n'avait encore vu autant d'intellectuels s'enticher à ce point de toutes les sottises les plus stupides, donner tête baissée dans toutes les billevesées les plus absurdes, pourvu qu'elles fussent au goût du jour. Notre époque aura été celle des parcours intellectuels et des

---

Jean-Pierre Richard, le sens commun maintiendra toujours qu'à partir d'un fragment d'une œuvre, on ne saurait jamais tout dire sur cette œuvre. Cela dit, pour être toujours alambiqués, souvent aventureux et parfois saugrenus, les commentaires de M. Jean-Pierre Richard, dans ses *Microlectures*, n'en contiennent pas moins bien des remarques intéressantes. L'absurdité des principes méthodologiques de la « nouvelle critique » est heureusement contrebalancée chez M. Jean-Pierre Richard par un talent et un sens littéraire incontestables. Tant d'autres, hélas ! ne les ont pas, qui s'emploient, eux, à *tout* dire sur les textes, excepté ce qu'il y aurait à en dire.

68. Bien qu'il soit souvent assez arbitraire de vouloir fixer un *terminus a quo*, quand il s'agit d'un mouvement d'idées (et peut-être encore plus hélas ! quand ces idées sont des sottises), je serais volontiers tenté de chercher chez Mallarmé l'origine de bien des âneries que, depuis un siècle, et particulièrement depuis l'après-guerre, on a débité sur la littérature et sur la critique. Mallarmé fut certes un très grand poète à ses heures (c'est-à-dire quelques heures par an, pendant ses meilleures années), mais ce fut aussi un cerveau bien fumeux. Ce n'est certainement pas un hasard si tous les esprits les plus nébuleux lui vouent généralement un culte, si son nom revient si souvent dans toutes les divagations sur le langage, et si Roland Barthes, entre autres, le cite et l'invoque volontiers. Sans vouloir faire ici l'historique de ce grand courant d'obscurantisme intellectuel dont Roland Barthes est, à mes yeux, l'aboutissement (il faudrait, bien sûr, accorder une très large place au surréalisme et, plus encore, à la psychanalyse), je voudrais seulement souligner encore la responsabilité des gens de la *N.R.F.* en général, et particulièrement de Gide et de Valéry. L'un et l'autre, en effet, sont volontiers considérés comme des écrivains essentiellement lucides et Valéry passe même aux yeux de beaucoup pour être en quelque sorte la voix de la pure rationalité. L'un et l'autre ont pourtant proféré beaucoup d'affirmations tout à fait arbitraires et ont lancé sur le marché un certain nombre d'âneries qui ont fait hélas ! beaucoup de profit et dont se nourrissent encore quantité de jobards. Je renvoie sur ce point le lecteur à *La France byzantine* de Julien Benda, toujours bien peu lu malheureusement, malgré les efforts de René Etiemble (voir la Préface intitulée, « Délicieux Eleuthère », qu'il a écrite pour la réédition, en 1968, de *La Jeunesse d'un clerc*).

itinéraires spirituels les plus tortueux peut-être, pour ne pas dire les plus tordus, qu'on ait encore jamais vus. Certains auront été, suivant les moments, maurrassiens, marxistes, freudiens, maoïstes, structuralistes, etc., avant de revenir, assez souvent, pour clore le parcours, à la religion de leur enfance [69]. Pour dire les choses brutalement, c'est la première fois, sans doute, qu'on est conduit à porter sur autant d'intellectuels en renom le même diagnostic : « Ça ne tourne pas rond ». Mais, pour faire éclore un Roland Barthes, pour se reconnaître dans ce roi de la faribole, pour en faire son phare et son idole, il fallait, assurément, que la classe intellectuelle fût largement déboussolée.

Certes on ne compte plus maintenant les ouvrages de critique qui, comme le *Sur Racine*, n'apportent sur l'auteur qu'ils prétendent éclairer, aucune espèce de lumière, mais seulement des élucubrations. Rien que sur Racine, on pourrait déjà établir une bibliographie assez longue avec les livres et les articles qu'il est absolument inutile de lire. Pour ne parler que d'eux, les deux grands rivaux de Roland Barthes, Charles Mauron et Lucien Goldmann, sont aussi incapables que lui de nous apprendre quoi que ce soit sur la tragédie racinienne. Mauron ne songe qu'à bâtir à tout prix un « mythe personnel » de Racine conforme à ses marottes freudiennes. Goldmann veut absolument retrouver dans les tragédies de Racine, comme dans les *Pensées* de Pascal, l'absurde « vision tragique » qui, selon lui s'exprimerait dans le jansénisme, mais traduirait, en réalité, sans qu'aucun janséniste ne s'en soit jamais douté, le malaise socio-économique des robins sacrifiés à la centralisation monarchique et brimés par la mise en place des commissaires [70].

---

69. Je pense, bien sûr, parmi beaucoup d'autres, à M. Roger Garaudy qui, de marxiste, est devenu quasi chrétien avant d'être, mais pour combien de temps ?, tout à fait musulman, et à M. Philippe Sollers, sans conteste la plus grande girouette intellectuelle de notre temps.

70. Outre que les historiens, avec M. Roland Mousnier en tête, ne semblent guère croire à la réalité, du moins à la date où le situe Goldmann, de ce malaise des officiers, on ne peut assez s'étonner à l'idée qu'un mouvement de mécontentement social ait choisi, fût-ce

Mais, si les livres de Charles Mauron et de Lucien Goldmann sont assurément, comme celui de Roland Barthes, des livres de notre temps, ils ne reflètent pas aussi largement toutes les sottises qui sont dans l'air, ils n'expriment pas aussi pleinement toute l'absurdité des idées à la mode, ils ne respirent pas aussi intensément tout le snobisme et toute la jobardise d'une époque.

Cela tient évidemment au fait que les livres de Mauron et de Goldmann ont un caractère profondément univoque, alors que celui de Roland Barthes n'a ni queue ni tête. Charles Mauron et Lucien Goldmann ont, l'un et l'autre, un système, le premier, d'inspiration freudienne, le second, d'inspiration marxiste ; ils sont l'un et l'autre des hommes à idées fixes [71]. Roland Barthes n'a pas de système [72]. Il mange, ou plutôt il grignote, à tous les râteliers. Il pignoche de-ci de

inconsciemment, de s'exprimer en se transformant en mouvement d'idées religieuses. Quand on pense qu'il a fallu trois siècles pour que quelqu'un comprît enfin quel malaise social se cachait derrière le mouvement janséniste, on se dit que beaucoup de patrons, sans doute, souhaiteraient que leurs salariés n'expriment jamais leur mécontentement que d'une manière assez indirecte et assez saugrenue pour qu'on ne le comprenne que trois siècles plus tard. Si, par malheur, la mère de Goldmann avait fait une fausse couche, on ne connaîtrait toujours pas la véritable explication du mouvement janséniste et l'on risquerait de l'attendre encore longtemps.

71. Bien que je pense qu'il n'y a, en fin de compte, rien à retenir des analyses de Mauron, je ne le mets pourtant pas dans le même sac que Goldmann. Outre qu'il a une bien meilleure connaissance des textes que l'auteur du *Dieu caché* (ou que celui du *Sur Racine*), on est tenté de lui reconnaître une relative subtilité en comparaison de la véritable obtusion intellectuelle dont Goldmann est affligé. Je comparerais volontiers celui-ci à un automobiliste qui prendrait l'autoroute à Paris, en se trompant de sens, et qui, malgré tous les panneaux à l'envers, malgré toutes les voitures roulant en sens inverse, klaxonnant désespérément et se rabattant brusquement pour l'éviter, arriverait à Menton sans avoir soupçonné un instant qu'il roulait à contre-courant.

72. Raymond Picard écrit, il est vrai, que Roland Barthes « est avant tout homme de système ». Mais c'est pour ajouter aussitôt : « Quel système ? Il n'est pas toujours facile de le savoir [...] Mais peu importe, ce qui le fascine dans le système, c'est l'esprit systématique » (*Nouvelle Critique ou nouvelle imposture*, p. 35). Si Roland Barthes a l'esprit de système, c'est toujours, si l'on peut dire, au coup par coup. Ses affirmations sont toujours catégoriques, ses formules sont toujours définitives, mais il vaut mieux les oublier au fur et à mesure et ne jamais chercher à comprendre comment elles s'accordent entre elles. Il en résulte un contraste constant et tout à fait étonnant entre la certitude du ton et l'incertitude du fond. L'assurance, la suffisance, l'arrogance de l'expression n'ont d'égales que l'indécision, l'inconséquence et l'incohérence de la pensée. Alors même qu'il s'empêtre dans ses sornettes et qu'il perd le fil de ses fariboles, le ton de Roland Barthes reste toujours imperturbablement sentencieux et doctoral. Ce serait là, sans doute, pour qui voudrait essayer de l'analyser, un des éléments fondamentaux du grotesque barthésien.

là, dans toutes les âneries à la mode, pour fabriquer ses petites foutaises. Comment pourrait-il construire un système ? Il est absolument incapable de développer (mais il préfère dire qu'il a le goût du fragment), voire d'enchaîner seulement deux idées [73]. A l'époque du *Sur Racine*, il n'a sans doute pas encore très clairement compris que l'idéal auquel il faut tendre, c'est le sens « fluide », mais, déjà, il maîtrise admirablement la pratique du sens fluctuant. Si l'on considère isolément les différentes affirmations que contient le *Sur Racine*, sauf exceptions, le sens « se laisse prendre » (même si, une fois qu'on l'a pris, on voit qu'il n'y a qu'une chose à en faire : le laisser). En revanche, si l'on veut essayer de rassembler ces divers sens et de les « prendre ensemble », c'est-à-dire, au sens étymologique du mot, de « comprendre » le *Sur Racine*, on s'aperçoit vite que c'est tout à fait impossible. C'est cette totale incohérence qui est, sans doute, le trait le plus extraordinaire du *Sur Racine* et c'est celui, pourtant, qui semble avoir été le moins bien vu par les critiques [74]. Raymond Picard, lui-même, s'il a, plus d'une

---

73. Les jobarthiens aiment mieux dire, avec M. Serge Doubrovsky, que « chaque phrase, loin de s'ajointer avec les autres, pour faire advenir l'ordre rigoureux d'un discours, brille dans une splendeur solitaire » (« *Sur Racine* : un crime de lèse-sérieux », *Les Nouvelles littéraires,* 3 avril 1980, p. 22).

74. Sans parler, bien sûr, des admirateurs de Roland Barthes, l'incohérence du *Sur Racine* semble avoir totalement échappé à des critiques pourtant très réservés, voire franchement hostiles. Ainsi Mme Madeleine Remacle, malgré les conclusions très négatives auxquelles l'a conduite l'examen du *Sur Racine*, croit devoir dire que « Cependant [...] l'étude de Barthes ne manque pas d'intérêt. Elle nous donne de l'œuvre racinienne une vue originale, ingénieuse et cohérente » (*Op. cit.,* p. 108). On peut, sans doute, qualifier d'« originale » une étude qui contient quantité d'âneries inénarrables ; on peut même, si l'on tient à tout prix à se montrer un peu aimable, la qualifier d'« ingénieuse » ; on ne peut, en aucun cas, juger « cohérente » une œuvre qui non seulement est remplie de contradictions formelles, mais dont les analyses, loin de s'accorder, ne cessent de se détruire les unes les autres. De même, M. A. Bonzon, qui conclut son examen du *Sur Racine* en condamnant « la démarche aventureuse qui « dispose » de l'œuvre au gré du préjugé structuraliste » (*La Nouvelle Critique et Racine*, p. 182), présente le livre de Roland Barthes en disant qu'il « est fait de courts paragraphes [sic], ayant chacun son titre, destiné à piquer la curiosité du lecteur et à le mener de surprise en surprise. Ce n'est qu'à une seconde ou à une troisième lecture qu'on voit l'enchaînement logique de ces morceaux de bravoure successifs » (p. 165). M. Bonzon n'a pas assez relu le *Sur Racine*. Au bout de vingt ou trente lectures, non seulement il aurait perdu depuis longtemps l'illusion d'y trouver un « enchaînement logique », mais il se serait convaincu qu'il fallait renoncer à faire le tour de toutes les contradictions qu'il contient.

fois relevé des contradictions flagrantes dans les propos de Roland Barthes, ne paraît pas avoir tout à fait mesuré à quel point il ne cessait de se contredire dans tout le livre [75]. C'est là, nous croyons l'avoir suffisamment soulignée, la principale originalité du *Sur Racine*. C'est ce qui assure à son auteur une place à part parmi les « nouveaux critiques ». C'est sans doute aussi hélas ! ce qui, du moins en partie, explique sa primauté. Contredire continuellement l'auteur qu'on prétend expliquer, c'est devenu si banal que cela n'épate plus personne. Se contredire soi-même presque aussi souvent qu'on contredit l'auteur, c'est assurément beaucoup plus rare et bien propre à désarçonner les jobards. Au lieu de se rendre à l'évidence, au lieu d'admettre que le critique se contredit et donc qu'il ne sait pas ce qu'il dit, ils croiront plutôt, surtout s'il s'agit d'un grand intellectuel à la mode, que sa pensée est trop subtile pour qu'ils puissent la suivre, et, bien sûr, ils en concluront, non pas que leur intelligence, à eux, est insuffisante, mais que la sienne est tout à fait exceptionnelle.

Mais, je l'ai dit, d'une manière générale, je ne crois guère qu'on puisse expliquer par l'imposture, par la mystification volontaire, toutes les sottises que Roland Barthes a débitées. Je ne crois pas du tout, en particulier, qu'il se soit contredit consciemment et délibérément pour ébahir les jobarthiens.

---

75. Il relève, nous l'avons vu, le caractère contradictoire des propos de Roland Barthes concernant Titus. De même il s'étonne très justement (voir *op. cit.,* p. 32) que, dans le même paragraphe, Roland Barthes insiste sur le fait que Bajazet est, selon lui, « désexué » et qu'il affirme pourtant « qu'il est nourri, engraissé par Roxane pour son pouvoir génital même » (*Sur Racine*, p. 102). Enfin, lorsque Roland Barthes, à propos de l'ingratitude de Néron, de Titus et de Bajazet, observe : « On sait l'importance de l'ingratitude dans la vie de Racine (Molière, Port-Royal) » (*Sur Racine*, p. 37), ou lorsqu'il note : « Ce n'est pas pour rien que Racine écrivait d'Uzès (en 1662) : *Et nous avons des nuits plus belles que vos jours.* » (p. 31, note 1), Raymond Picard constate avec raison que l'auteur du *Sur Racine* « ne peut s'empêcher de se placer dans ces perspectives bio-analogiques dont il voit si bien l'incertitude et l'arbitraire. [...] Avec une incohérence à laquelle le lecteur ne saurait s'habituer, le critique tombe précisément dans les pièges dont ailleurs il démontait le mieux les mécanismes » (*op. cit.,* p. 61). Cette dernière phrase montre bien que l'incohérence du *Sur Racine* n'avait pas échappé à Raymond Picard. S'il n'en a sans doute pas mesuré toute la monstruosité, c'est qu'il a réagi avant tout en racinien. A partir du moment où il s'était convaincu que le *Sur Racine* ne valait absolument rien en tant que livre sur Racine, il lui importait assez peu de savoir exactement quel était son degré d'incohérence.

Je suis, au contraire, persuadé qu'il ne se rend pas du tout compte de l'incohérence de ce qu'il écrit [76]. Simplement les circuits logiques qui normalement alertent le détenteur d'un cerveau d'*homo sapiens* lorsqu'il s'apprête à dire quelque chose qui ne s'accorde pas avec ce qu'il a dit antérieurement et à plus forte raison lorsqu'il s'apprête à dire littéralement le contraire, ces circuits, le cerveau de Roland Barthes ne semble pas en avoir été équipé. Il ne s'agit pas seulement de pannes occasionnelles, ni même de pannes à répétition ; chez Roland Barthes, les mécanismes logiques semblent ne jamais fonctionner. Comment, en effet, expliquer autrement cette omniprésence de la contradiction dans le *Sur Racine* ? D'une partie à l'autre de « L'Homme racinien », d'un chapitre à l'autre, d'une page à l'autre, dans la même page, dans le même paragraphe et parfois dans la même phrase, qu'il s'agisse de notations particulières concernant tel ou tel personnage de Racine ou d'affirmations très générales portant sur « l'essence même de la tragédie racinienne », Roland Barthes se contredit tant et tant de fois qu'il a sans doute établi, avec le *Sur Racine*, un record en la matière [77].

76. Il s'en rend si peu compte que, lorsqu'il revendique, pour le critique, le droit de choisir librement son langage, il insiste sur le fait que le langage critique, s'il ne peut être « vrai ou faux », doit du moins être « valide » et il définit cette « validité » par ce que lui-même il ignore le plus, c'est-à-dire « la cohérence, la logique, et pour tout dire la systématique » (« Qu'est-ce que la critique ? », *Essais critiques*, p. 255).

77. Nous croyons avoir montré, dans le *Sur Racine*, des contradictions suffisamment nombreuses et suffisamment graves pour convaincre n'importe quel lecteur qui n'a pas répudié tout sens logique, de la complète incohérence de ce livre absurde. Il s'en faut bien pourtant que nous ayons relevé toutes les contradictions qui s'y trouvent. Nous avons dû laisser de côté toutes celles qui ne faisaient pas partie du *corpus* que nous avions délimité et qui ne se rapportaient pas aux théories que nous avions choisi d'examiner. Et parfois nous l'avons vivement regretté. Il est bien dommage, notamment, que nous n'ayons pas eu l'occasion de souligner l'incohérence du chapitre consacré à *Phèdre*, chapitre dont la sottise doctorale et la stupidité prétentieuse nous ont particulièrement irrité, en raison de son objet (quand il s'agit d'une œuvre aussi belle et aussi émouvante que *Phèdre*, on supporte mal que les aliborons snobinards osent en faire un prétexte à débiter, sur quel ton pontifiant !, leurs âneries et leurs absurdités). Mais nous pourrions déjà donner une assez bonne idée de cette incohérence, en rapprochant simplement le début et la fin du chapitre. A la fin du premier paragraphe, que nous avons cité plus haut, Roland Barthes affirme que, dans *Phèdre*, « la nomination du Mal l'épuise tout entier ». Cela ne l'empêche pas, au début du dernier paragraphe, de conclure : « *Phèdre* propose donc une identification de l'intériorité à la culpabilité ; dans *Phèdre*, les choses ne sont pas cachées parce qu'elles sont coupables (ce serait là une vue prosaïque, celle d'Œnone, par exemple, pour qui la faute n'est que

L'instinct qui pousse Roland Barthes à dire constamment des sottises, est si fort que le fait d'en avoir dit une ne l'empêche jamais d'en dire une autre, alors même qu'elles sont logiquement incompatibles, alors même que la seconde contredit exactement la première. Obligé de renouveler sans cesse ses fariboles par son incapacité à développer et par la nature même de ses propos, sur lesquels il avait tout intérêt à s'attarder le moins possible, en faisant des vœux pour que le lecteur en fît autant, il n'aurait sans doute vite plus su que dire, s'il avait cru devoir veiller à ne pas se contredire. Mais c'est bien là le cadet de ses soucis. Il en résulte que, si Roland Barthes n'est certes pas le seul à dire des sottises sur Racine, s'il n'est pas le seul à ne dire pratiquement que des sottises, il est le premier à dire tant de sottises en si peu de pages et de telles sottises, aussi déroutantes, aussi incohérentes.

Ce qu'il y a, en effet, d'exceptionnel dans le *Sur Racine*, ce pourquoi il aura fait date dans l'histoire des études racinien-nes et, d'une manière plus générale, dans celle de la critique littéraire, ce n'est pas hélas ! la constance de la sottise ; c'est sa diversité, c'est sa densité, c'est son intensité presque insoutenable pour un esprit un peu épris de rigueur et de logique. C'est peu de dire que c'est un livre bête à pleurer : c'est un livre absurde à hurler.

« C'est un livre fourmillant d'idées, de suggestions, de vues originales », écrit M. Jean-Louis Backès [78]. Il a en partie raison. Le *Sur Racine* est, en effet, un livre qui « fourmille ».

---

contingente, liée à la vie de Thésée) ; les choses sont coupables du moment où elles sont cachées » (*Sur Racine*, p. 122). Ainsi donc le chapitre sur *Phèdre* commence par l'affirmation, particulièrement sentencieuse et suffisante (« la nomination du mal l'épuise tout entier, le Mal est une tautologie, *Phèdre* est une tragédie nominaliste »), que le mal ne consiste que dans le fait de le dire, et, au moment de conclure, Roland Barthes affirme exactement le contraire, à savoir que le mal ne consiste que dans le fait de ne pas le dire. Au début du chapitre, la faute, c'est de parler ; à la fin, c'est de se taire. Comprenne qui pourra ! Celui-là comprendra peut-être aussi comment Roland Barthes, après avoir affirmé qu'« Hippolyte est muet *comme* il est stérile » (p. 117), peut affirmer, avec la même assurance, à la page suivante : « parler, c'est se répandre, c'est-à-dire se châtrer » (p. 118). Pauvre Hippolyte !, s'il se tait, il est stérile, mais, s'il parle, il se châtre. Voilà assurément une forme de dilemme tragique à laquelle Racine n'avait point songé.

78. *Racine*, p. 187.

Il ne fourmille que de sottises, que de foutaises, mais, pour fourmiller, il fourmille. Et c'est là ce qui en fait sans doute un livre à part, même dans la « nouvelle critique ». Si profondément, si parfaitement stupides que soient les propos de Goldmann sur Racine, on n'y trouve pas la même quantité de sottises que dans le *Sur Racine*, ni la même qualité de la sottise. Les âneries raciniennes de Lucien Goldmann n'ont ni la variété [79], ni l'extravagance [80], ni l'incohérence [81] de celles de Roland Barthes. Il est certes heureux que les personnages de Racine ne ressemblent guère à ceux que Goldmann nous décrit et qui sont, pour la plupart, des « fauves » ou des « pantins » [82]. Mais la chose, en soi, n'était pas impossible, et, de fait, la littérature dramatique compte un certain nombre de « fauves » et d'innombrables « pantins » (le théâtre comique en est plein) [83]. Rien d'étonnant à cela puisque, à toutes les époques, hélas ! l'espèce humaine a effectivement

79. A la différence de Roland Barthes qui, en commençant le *Sur Racine*, ne savait évidemment pas où il allait, qui, par la suite, ne l'a jamais su non plus, et qui n'est finalement allé nulle part, puisqu'il n'a pratiquement rien dit qu'il n'ait contredit lui-même, explicitement ou implicitement, Lucien Goldmann ne sait que trop où il va. Qu'il le retrouve pleinement (et alors il s'agit pour lui de véritables tragédies) ou seulement partiellement (et alors il préfère parler de *drames*), c'est toujours à partir du même schéma (l'absurde « vision tragique » commune, selon lui, aux *Pensées* de Pascal et aux tragédies de Racine) que Lucien Goldmann prétend expliquer toutes les pièces de Racine.

80. Les analyses que Goldmann nous propose des tragédies de Racine, me paraissent plutôt stupides que vraiment extravagantes. Mais on peut dire, il est vrai, que, chez Goldmann, l'extravagance, elle est dans les postulats sur lesquels reposent toutes ses analyses, dans son explication du jansénisme et dans son schéma de la « vision tragique ».

81. Ce qui ne veut pas dire qu'on ne peut pas y relever des contradictions, mais elles sont beaucoup moins nombreuses que dans le *Sur Racine*.

82. Rappelons que, selon Goldmann, la tragédie racinienne comporte trois sortes de personnages. Il y a d'abord *Dieu*, qui est, en réalité, le personnage le plus important, bien qu'il soit « toujours absent ». Il y a ensuite *l'homme*, c'est-à-dire les « héros tragiques », qui sont les seuls personnages « réels », les seuls à avoir une « valeur humaine », mais qui se comptent hélas ! sur les doigts d'une main (ce sont Junie, Titus, Bérénice, Phèdre et, mais à moitié seulement, Andromaque). Il y a enfin *le monde*, c'est-à-dire tous les autres personnages qui peuvent être ou des « fauves » ou des « pantins », mais qui sont tous également, c'est-à-dire totalement, dépourvus de valeur humaine.

83. Chez Racine lui-même, si aucun des personnages en qui Goldmann voit des « pantins », ne mérite, même avec des nuances, ce qualificatif, si aucun personnage non plus, même pas Néron, bien qu'il soit celui qui s'en rapproche le plus, n'est un « fauve » au sens où l'entend Goldmann (c'est-à-dire un être totalement dénué de conscience morale, dépourvu de tout sentiment d'humanité), on peut dire, en revanche, à la suite d'ailleurs d'un grand nombre de critiques, qu'il y a effectivement du fauve chez certains personnages de Racine.

130

compté dans son sein un certain nombre d'individus qu'on peut, du moins schématiquement, considérer les uns comme des « fauves » et les autres comme des « pantins ». Mais il en va tout autrement de « l'homme racinien » que nous décrit Roland Barthes. Non seulement les personnages de Racine ne lui ressemblent pas, mais on ne voit pas comment Racine, ni d'ailleurs n'importe quel autre dramaturge, aurait jamais pu porter sur la scène des personnages qui lui ressemblent. « L'homme racinien » de Roland Barthes est, en effet, un être si étrange qu'il est permis de le juger largement irréel puisque, non content de n'avoir que des sentiments pathologiques, il en a très souvent que personne d'autre que lui ne semble avoir jamais éprouvés. Chez quel autre la haine s'est-elle jamais allumée brusquement à la seule vue du corps d'autrui ? Quel autre a jamais ressenti « l'apparition quotidienne » du soleil comme « une blessure infligée au milieu naturel de la Nuit » ? Quel autre a jamais éprouvé le besoin de se faire lui-même coupable parce qu'il croyait pouvoir ainsi justifier après coup l'injustice divine dont il ne pouvait supporter l'idée ? Enfin, quand bien même, à la suite d'un ramollissement cérébral ou d'un traumatisme crânien, quelques individus pourraient arriver à partager tel ou tel des sentiments les plus étranges que Roland Barthes prête à « l'homme racinien », personne ne saurait jamais réunir en lui tous les traits contradictoires d'un être de raison imaginé par un esprit qui semble avoir renoncé.à consulter la sienne.

Au total le livre de Roland Barthes qui ne se contente pas de contredire continuellement les textes qu'il croit pourtant être le premier à avoir vraiment compris, mais qui se contredit aussi lui-même avec une constance presque égale et qui contredit en même temps si souvent le sens commun et l'expérience universelle, en prêtant à « l'homme racinien » des sentiments parfaitement incongrus qu'aucun homme sans doute n'a jamais dû éprouver, au total ce livre, qui est, au demeurant, d'une prétention incroyable et d'une suffisance insupportable, me paraît mériter de faire date, non seulement dans la petite histoire des études raciniennes, non seulement dans celle beaucoup plus vaste de la critique littéraire, mais bel et bien dans la très grande, dans l'immense histoire de la sottise humaine. C'est même dans celle-ci seulement qu'il a vraiment sa place [84].

Il n'est certes pas à la portée du premier imbécile venu de se faire une place dans l'histoire, hélas ! si remplie, de la sottise humaine. Il ne suffit pas pour cela d'écrire un livre parfaitement idiot et totalement absurde. Encore faut-il d'abord que ce livre trouve un éditeur (et, si l'on ne publie que trop de livres complètement ineptes, on peut tout de même penser qu'on en refuse un beaucoup plus grand nombre). Encore faut-il ensuite qu'il obtienne une audience très large. Encore faut-il enfin, pour que le succès du livre soit significatif, qu'il vienne du public cultivé et des milieux intellectuels [85]. Ce qu'il y a d'extraordinaire, ce n'est pas tellement que quelqu'un ait écrit un livre aussi stupide et aussi absurde que le *Sur Racine*. Ce qu'il y a d'extraordinaire, c'est qu'un livre d'une telle sottise ait obtenu une audience qu'aucun livre de critique n'avait encore jamais obtenue. Ce qu'il y a d'extraordinaire, c'est que ce livre, qui est si totalement dépourvu de toutes les qualités les plus élémentaires que doit avoir un livre de critique, qui fait preuve de tant d'inattention à l'égard des textes, qui témoigne d'une telle méconnaissance des fins que l'auteur s'est proposé d'atteindre, des problèmes qui se sont posés à lui, des moyens qu'il a mis en œuvre, qui manifeste une parfaite

84. Si Roland Barthes peut avoir une place dans l'histoire de la critique racinienne et de la critique littéraire en général, ce ne devrait être que d'une manière négative, comme l'exemple d'un livre de critique qui cumule tous les défauts qu'il faut le plus éviter et dans lequel on chercherait vainement la moindre trace de ce qui pourrait commencer à ressembler à une manifestation d'un peu de sens critique.

85. Je n'ignore pas, et je le déplore plus que personne, qu'il y a pas mal de livres qui atteignent des tirages très supérieurs à ceux de Roland Barthes et qui sont pourtant d'une stupidité absolue, que certains livres touchant à l'astrologie, à l'occultisme, à la parapsychologie ou aux extra-terrestres, dépassent parfois les cinq cent mille exemplaires, comme le livre de M. Jean-Charles de Fontbrune, *Nostradamus historien et prophète*, le dernier en date, du moins à ma connaissance, des best-sellers de la sottise. Mais ces manifestations périodiques d'une bêtise millénaire n'ont guère d'écho, et c'est heureux, dans la classe intellectuelle.

indifférence à toutes les émotions qu'il a voulu susciter, qui révèle une complète inintelligence de l'art qu'il a déployé, ce qu'il y a d'extraordinaire, c'est que ce livre passe maintenant, aux yeux de beaucoup, pour être le modèle de tous les livres de critique, l'idéal vers lequel on doit tendre. Ce qu'il y a d'extraordinaire, c'est qu'un critique qui, dans les œuvres qu'il prétend étudier, ne s'intéresse qu'à ce qui ne s'y trouve pas (si ce n'est, quand parfois il y en a, qu'il admire les erreurs et s'extasie sur les ratés), qui ne comprend jamais rien à ce qu'il devrait faire mieux comprendre, qui ne voit jamais rien de ce qu'il devrait faire mieux voir, qui ne sent jamais rien de ce qu'il devrait faire mieux sentir, soit regardé si souvent comme l'intelligence la plus pénétrante de notre temps, quand ce n'est pas de tous les temps.

« Un pareil livre aurait de quoi révolter », constatait Raymond Picard [86]. La sottise du *Sur Racine* aurait dû assurément révolter tous les gens cultivés, tous ceux qui s'intéressent à la littérature et, particulièrement, tous les professeurs de français. Au lieu de cela, ce livre est devenu très rapidement un grand classique, voire le grand classique de la critique littéraire française. Plus même qu'un classique de la critique littéraire, il semble être devenu hélas !, et c'est sans doute la première fois que cela arrive à un livre de critique, un classique tout court. D'ordinaire un livre de critique consacré à un auteur particulier n'est guère lu que par un nombre assez restreint d'enseignants et d'étudiants directement concernés par l'étude de cet auteur, pour la préparation de leurs cours ou de leurs examens. Ainsi un livre sur Racine a, normalement, des chances d'être lu par la plupart des universitaires spécialistes de la littérature française du dix-septième siècle (et particulièrement, bien sûr, par les raciniens), par un certain nombre de professeurs de lycée qui expliquent Racine à leurs élèves et d'étudiants

---

86. *Nouvelle Critique ou nouvelle imposture*, p. 57.

qui l'ont à leurs programmes d'examens ou de concours [87], mais il n'a guère de chances de toucher un nombre appréciable d'autres lecteurs. Le *Sur Racine* en a touché, lui, un nombre considérable [88]. Il a fait quasiment le plein non seulement de tous les lecteurs potentiels d'un livre sur Racine, mais sans doute de l'ensemble de tous les lecteurs de livres de critique littéraire. Il a même été lu par un grand nombre d'intellectuels d'autres disciplines, et notamment par presque tous les philosophes. Il a enfin été lu par tous ceux qui veulent être ou paraître au fait de l'actualité littéraire et intellectuelle.

Certes, tous ceux qui s'intéressent à la littérature, pourraient se réjouir qu'un livre sur Racine ait connu une telle diffusion tant en France qu'à l'étranger (le *Sur Racine* a sans doute battu non seulement le record des tirages dans la catégorie du livre de critique, mais aussi celui du nombre de traductions [89]). Hélas ! ce livre étant ce qu'il est, son extraordinaire succès est, au contraire, tout à fait consternant. Et la colère le dispute à la consternation, quand on sait que le *Sur*

87. Mais il arrive aussi qu'il ne soit vraiment lu par personne. Pour n'en citer qu'un, qui a été publié à peu près en même temps que le *Sur Racine,* seuls quelques dix-septiémistes ont dû ouvrir le livre de Mme Marcelle Blum, *Le Thème symbolique dans le théâtre de Racine* (1962). Mais je ne suis pas sûr qu'il y en ait un seul, même parmi les raciniens, qui soit allé jusqu'à la fin, du moins sans sauter des pages, comme j'avoue l'avoir fait (moins de gens encore ont dû ouvrir le second volume, paru trois ans plus tard). L'échec complet du livre de Mme Blum, au moment où celui de Roland Barthes rencontrait un tel succès, suffirait à prouver, s'il en était besoin, que, pour se faire aujourd'hui une réputation de grosse tête, s'il est très nécessaire de ne dire que des sottises, cela pourtant n'est pas suffisant. Encore faut-il, mais cela suppose une connivence naturelle et profonde avec la connerie régnante, savoir trouver les sottises qui répondent à l'attente des consommateurs et avoir la manière de les dire.

88. Sans atteindre, sans doute, les mêmes tirages que le *Sur Racine, Le Dieu caché* de Goldmann et, dans une moindre mesure, *L'Inconscient dans l'œuvre et la vie de Racine* de Mauron ont eu, eux aussi, une audience très inhabituelle pour des livres de critique. Ainsi, le cas de Racine est finalement tout à fait exceptionnel. Sur les trois livres de critique les plus lus aujourd'hui, deux lui sont entièrement et un (*Le Dieu caché*) partiellement consacrés. Son ombre, pourtant ne doit pas s'en réjouir.

89. Le *Sur Racine* a été traduit en anglais, en italien, en espagnol, en japonais, en hongrois, en polonais, en roumain. On l'a aussi traduit en Yougoslavie, mais je ne puis dire si c'est en slovène, en croate, en serbe ou en macédonien (qui sait ? on l'a peut-être traduit dans les quatre langues à la fois). Mes renseignements étant d'ailleurs déjà anciens, il se pourrait que, depuis, le *Sur Racine,* ait été traduit en d'autres langues encore.

Racine est devenu « quasiment un manuel », ainsi que le constate, sans songer, bien sûr, à s'en affliger, un jobarthien, M. J.B. Fages, qui souligne la contribution primordiale que ce livre a apportée « au nouvel enseignement des lettres dans les lycées comme dans les universités » [90]. Beaucoup d'étudiants ne lisent pas le *Sur Racine* : ils le révisent. Beaucoup de lycéens n'entendent plus parler de Racine sans entendre citer le *Sur Racine*. Ils ont encore bien de la chance quand on ne leur présente pas Racine seulement comme l'auteur auquel Roland Barthes a daigné consacrer un livre. Grâce à Racine, mais bien malgré lui, Roland Barthes est devenu un auteur scolaire. C'est là sans doute l'aspect le plus choquant du *Sur Racine*.

Il est scandaleux que, pour former le jugement et le sens critique des élèves et des étudiants, on leur propose comme un rare modèle de perspicacité, de pénétration et de vivacité intellectuelle un ouvrage qui, dit très justement Raymond Picard, « méconnaît les règles élémentaires de la pensée scientifique ou même simplement articulée » [91]. Il est scandaleux que des universitaires, spécialistes de la littérature française du XVIIe siècle, qui étaient mieux placés que tous les autres pour mesurer toute l'ineptie du *Sur Racine* [92], et pour la dénoncer avec toute la vigueur et toute la netteté nécessaires [93], aient présenté [94], tout en faisant quelques

90. *Comprendre Roland Barthes*, p. 90.
91. *Nouvelle Critique ou nouvelle imposture*, p. 58.
92. Les innombrables journalistes qui ont fait et qui font encore l'éloge du *Sur Racine*, sont évidemment plus excusables, dans la mesure où ils ne sont pas censés avoir la même connaissance du théâtre de Racine. Mais rien ne les empêchait de le relire. Rien ne les empêchait, non plus, de remarquer au moins quelques-unes de toutes les contradictions du *Sur Racine* et de s'en étonner.
93. Certes Raymond Picard l'a fait, mais d'autres voix auraient dû se faire entendre pour appuyer la sienne. Après Raymond Picard, ce sont peut-être les universitaires belges qui ont le plus vivement dénoncé les principes et les méthodes de la « nouvelle critique », en général, et de Roland Barthes, en particulier. Je pense surtout à M. Maurice Delcroix (voir, sur le *Sur Racine, Le Sacré dans les tragédies profanes* de Racine, p. 429-432), et à M. Paul Delbouille (voir ses articles des *Cahiers d'analyse textuelle* et notamment « Sens littéral et interprétations symboliques. A propos des débats sur la nouvelle critique », Cahier no 8, 1966, p. 107 sq.).
94. Bien sûr, il est souvent difficile de savoir s'il faut expliquer par le manque de

réserves, comme un livre très « brillant », très « intéressant », très « stimulant », bref, très « intelligent », un livre aussi totalement stupide et parfaitement absurde [95]. Il est scanda-

jugement ou par le manque de caractère des éloges aussi peu justifiés. Il est probable que, dans la plupart des cas, on peut faire appel aux deux explications à la fois. Quand un auteur a la notoriété d'un Roland Barthes, quand il est, comme lui, adulé par une grande partie de la presse écrite et parlée, quand il est la coqueluche de très nombreux étudiants, certains universitaires n'hésitent pas seulement à dire ce qu'ils devraient dire : ils hésitent à le penser. Ajoutons qu'à partir du moment où Roland Barthes a été Professeur au Collège de France, certains qui, tout au fond d'eux-mêmes, avaient conçu l'espoir d'y finir leur carrière, se sont sentis moins que jamais enclins à le critiquer, voire à l'entendre critiquer.

95. De tels jugements sont particulièrement regrettables, lorsqu'ils se trouvent dans des livres qui ont la vocation d'être des sortes de manuels pour les étudiants et qui sont, par conséquent, censés leur proposer des mises au point aussi objectives que possible. C'est le cas du livre de M. Jacques Truchet sur *La Tragédie classique en France*, paru dans la « Collection Sup » des Presses Universitaires de France, livre, par ailleurs, très instructif et fort bien fait. Malheureusement, le raisonnement logique, chez M. Truchet, n'est pas du tout à la hauteur de son érudition (cela apparaît fort bien dans tel article « A propos de l'*Amphitryon* de Molière : Alcmène et la Vallière », paru dans les *Mélanges d'histoire littéraire* offerts à M. Raymond Lebègue, p. 241 sq., et qui montre admirablement qu'avec les antiques méthodes de la « vieille critique », on peut « décoder » autant, ou presque, qu'avec les méthodes modernes et « scientifiques » de la « nouvelle critique »). Et le bilan des « recherches critiques » sur la tragédie classique qu'il dresse à la fin de son livre, s'en ressent fâcheusement. Sévère à l'égard de Goldmann (mais beaucoup moins, pourtant, qu'il ne l'aurait fallu), il se montre fort élogieux envers l'« œuvre de Mauron » qu'il juge, très imprudemment, « prudente et respectueuse du génie » (p. 193). A l'égard du *Sur Racine*, voici, pour l'essentiel, ce qu'écrit M. Truchet : « C'est à Roland Barthes qu'échut l'honneur de représenter devant l'opinion la contribution du structuralisme aux études raciniennes. Honneur excessif : *L'Homme racinien* n'était qu'un rapide essai qui ne nous était nullement donné pour définitif (son intégration à un ensemble modestement intitulé *Sur Racine* le montre bien), et il ne s'agissait pas de pur structuralisme [...] Toutefois, la première partie de cet essai [...] propose une liste d'éléments structuraux très intéressants dont certains semblent effectivement propres à éclairer des aspects importants de l'œuvre ; ainsi « la Chambre », « les trois espaces extérieurs : mort, fuite, événement », « les deux Eros », la relation fondamentale » ; le fâcheux est que rien de tout cela ne soit étudié de près, ni surtout contrôlé » (p. 195). On le voit, M. Truchet essaie d'abord de prendre un peu ses distances à l'égard du livre de Roland Barthes. Mais, bien loin de prononcer la condamnation radicale qui s'imposait, il s'emploie à atténuer le plus possible la portée de ses réserves. Le principal défaut du *Sur Racine* serait seulement d'être un peu « rapide » et Roland Barthes lui-même en aurait été parfaitement conscient. Certes, le *Sur Racine* est « rapide », mais ce n'est point du tout un accident, puisque tout ce que fait Roland Barthes est toujours extrêmement rapide. Et, contrairement à ce qu'affirme M. Truchet, tout ce que dit Roland Barthes, nous est toujours donné, ou plutôt assené, pour définitif, alors même qu'il dit le contraire de ce qu'il a déjà dit. Quant au titre, qui, assurément, a dû être très « rapidement » trouvé, avant de l'expliquer par la modestie de l'auteur, il faudrait se demander s'il ne s'explique pas par sa paresse. Mais surtout, lorsque M. Truchet juge les schémas structuraux du *Sur Racine* « très intéressants » et souvent « propres à éclairer des aspects importants de l'œuvre », quand il regrette seulement que « rien de tout cela ne soit étudié de près, ni surtout contrôlé », comment ne pas se dire que lui-même aurait beaucoup mieux fait d'essayer d'étudier d'un peu près et de contrôler de temps en temps les analyses de Roland Barthes ? Cela lui aurait évité de témoigner à des sottises un intérêt que le ton,

leux que le *Sur Racine* soit cité, non seulement dans toutes les bibliographies raciniennes, même les plus sommaires, mais bien souvent aussi dans des bibliographies générales d'études littéraires, et qu'il soit cité, non pas comme un livre utile pour mieux connaître la sottise humaine, en général, et celle de notre époque, en particulier, mais comme un livre indispensable pour mieux comprendre la littérature, en général, et Racine, en particulier [96].

un peu condescendant, rend encore plus ridicule, et d'exprimer le grotesque regret, teinté d'étonnement, que d'absurdes stupidités n'aient pas été « contrôlées ».

Particulièrement regrettable aussi est le jugement que M. Alain Niderst porte sur le *Sur Racine* dans son *Racine et la tragédie classique*, puisqu'il s'agit d'un livre publié dans la collection « Que sais-je ? » dont l'objectif est, on le sait, de faire « le point des connaissances actuelles ». « A lire ce livre brillant, écrit M. Niderst, on se sent partagé entre l'admiration et l'irritation. Bien des vérités y sont révélées, que la critique traditionnelle trop conformiste et accoutumée à reprendre indéfiniment les mêmes évidences, a laissé échapper. En revanche, ces vérités, saisies hâtivement, sont presque toutes déformées ; après nous avoir séduits, elles nous rebutent et nous ne les reconnaissons plus. La même étude, moins rapide et plus nuancée, eût été excellente, mais peut-être, si nous nous reportons en 1960, comprendrons-nous qu'il fallait un peu d'excès, au risque de s'égarer, pour sortir des ornières » (p. 118). Sans doute M. Niderst exprime-t-il ses réserves avec plus de vigueur que M. Truchet. Mais, en gros, il considère, comme lui, que le livre est stimulant et propre à renouveler la critique racinienne, son principal défaut étant d'être trop hâtif. Parce qu'il se sent « partagé entre l'admiration et l'irritation », comme M. Truchet encore, il se croit impartial. Et, malheureusement, en équilibrant, comme il le fait, les critiques et les éloges, il peut donner aux lecteurs peu avertis (mais c'est à eux surtout que le livre est destiné) l'impression qu'il est effectivement impartial. Rien ne ressemble parfois à l'impartialité comme la paresse et l'apathie critiques. On s'étonne enfin de voir M. Niderst qui a publié trois ans plus tôt un *Racine* assez falot (*Les Tragédies de Racine, diversité et unité*), s'en prendre à la « critique traditionnelle », jugée « trop conformiste ».

Si je n'ai guère été surpris par les jugements que MM. Truchet et Niderst ont portés sur le *Sur Racine*, j'ai, en revanche, été très étonné et, en même temps, très inquiet (car j'avais lu avec un très grand intérêt ses livres précédents), de découvrir, au début de son dernier livre, *Racine et/ou la cérémonie*, que M. Jacques Schérer rangeait Roland Barthes parmi ceux qui ont apporté aux études raciniennes « les contributions les plus neuves et les plus intéressantes » et qu'il considérait ses travaux, ainsi que ceux de Goldmann et de Mauron comme très « stimulants » (p. 7). J'ai poursuivi ma lecture, et, malgré certaines remarques intéressantes et justes, mon étonnement inquiet s'est vite changé en tristesse, devant certaines analyses et devant des descriptions des personnages raciniens, parfois aussi caricaturales que celles de Goldmann (la tragédie racinienne compterait surtout des « mégères », des « monstres » et des « fous »). Et cette tristesse est devenue de la consternation devant la « mise en scène de *Phèdre* » que, tout à la fin de son livre, M. Schérer propose à ses lecteurs. Mais, par égard pour ses travaux antérieurs, je préfère, une fois n'est pas coutume, m'abstenir de la commenter.

96. Si le *Sur Racine* est toujours cité dans toutes les bibliographies raciniennes, il n'en est pas de même, malheureusement, pour le livre de Raymond Picard, *Nouvelle Critique ou nouvelle imposture*, qui semble, au contraire, de plus en plus souvent oublié. Certains jobarthiens, d'ailleurs, s'en félicitent sans vergogne, si j'en juge par ces lignes de Mme Aude Matignon : « Le *Sur Racine* fit scandale dans l'Université il y a quinze ans ; il figurait en

Si le *Sur Racine* me semble ainsi devoir marquer une date dans l'histoire de la sottise humaine, et en tout cas dans l'histoire de la sottise française, c'est donc moins finalement à cause de sa sottise intrinsèque qui, par sa densité, son intensité, en même temps que sa prétention, atteint pourtant une sorte de perfection, qu'à cause de l'accueil qui lui a été

1978 dans les bibliographies d'agrégation à l'exclusion des ouvrages de l'adversaire » (« « Modernité » et humanisme chez Roland Barthes », *L'Information littéraire*, mars-avril 1980, p. 75). Dans la façon dont, trop contente qu'il ne soit plus cité, Mme Matignon affecte de ne pas vouloir nommer « l'adversaire », on sent la sourde, la tenace rancune de la dévote contre celui qui a osé s'en prendre à son idole.

Parmi les bibliographies auxquelles pensait Mme Matignon, il y avait certainement celle établie par M. Truchet pour *L'Information littéraire* (les bibliographies d'agrégation publiées, tous les ans, dans le numéro de septembre-octobre de cette revue sont sans doute celles que les étudiants utilisent le plus). Certes, dans cette bibliographie, Raymond Picard était cité, dans la rubrique consacrée aux « Ouvrages fondamentaux », pour sa thèse sur *La Carrière de Jean Racine*. Mais il n'était pas cité en tant qu'« adversaire » de Roland Barthes et auteur de *Nouvelle Critique ou nouvelle imposture*. Il aurait, pourtant, été logique qu'il le fût, puisqu'une des rubriques de cette bibliographie, la plus longue de toutes, d'ailleurs, était intitulée « Coup d'œil sur les débats méthodologiques ». Dans cette rubrique, M. Truchet cite « les trois ouvrages relevant de la « Nouvelle Critique » qui ont fait le plus de bruit », c'est-à-dire, bien sûr, ceux de Goldmann, de Mauron et de Barthes. Il cite aussi comme « très controversé » le livre de M. René Jasinski, *Vers le vrai Racine*, et il conclut qu'« il faut être au courant de ces diverses tentatives, et éviter à leur propos toute attitude sectaire (pour ou contre) », avant d'inviter les agrégatifs à chercher « des essais de bilan » dans le livre de M. Bonzon, *La Nouvelle Critique et Racine*, dans celui de M. Roubine, *Lectures de Racine* et, « plus rapidement », dans son propre ouvrage sur *La Tragédie classique en France*. Il est tout de même bien étrange de consacrer une rubrique à signaler des « débats méthodologiques » et les livres qui « ont fait le plus de bruit » dans ces débats, et d'omettre justement de signaler le livre à cause duquel, surtout, il y a eu ces débats et ce bruit. Il est étrange de souhaiter que les agrégatifs soient informés des controverses qui opposent les adeptes et les adversaires de la « nouvelle critique », et de ne les inviter à lire que les écrits des premiers. Même si, et c'est évidemment le cas, M. Truchet estime que le livre de Raymond Picard est beaucoup trop sévère et très injuste envers Roland Barthes et la « nouvelle critique » (tel n'est pas du tout mon sentiment, on le sait), il devrait du moins lui reconnaître le mérite de poser clairement les questions et d'inciter à la réflexion. Ce n'est guère le cas, en revanche, des « essais de bilan » auxquels il préfère renvoyer les étudiants. M. Roubine se contente pratiquement de citer et de résumer les livres de Goldmann, de Mauron et de Barthes, mais il n'a pas jugé utile de s'interroger (il s'évite ainsi et de se donner mal à la tête, et de se faire des ennemis). Si le livre de M. Bonzon est assez précis, et donc utile, en ce qui concerne Goldmann, dont il examine d'une manière très critique l'interprétation de *Phèdre* (M. Truchet ne l'a, d'ailleurs, pas signalé, alors pourtant que le programme de l'agrégation portait sur *Iphigénie* et *Phèdre*), il est, en revanche, très rapide, malgré quelques critiques très justifiées, en ce qui concerne Mauron, et tout à fait évasif en ce qui concerne Roland Barthes, qu'il ne fait guère que résumer (on le voit, le livre de M. Bonzon pourrait servir à montrer que la sévérité des jugements qu'on est amené à porter sur les travaux de la « nouvelle critique », est directement proportionnelle à l'attention qu'on leur prête). Quant à « l'essai de bilan » de M. Truchet lui-même, dont j'ai parlé tout à l'heure, il est, en effet, si « rapide » qu'il pouvait sembler tout à fait inutile d'y renvoyer les agrégatifs : il n'a d'autre intérêt que celui de nous informer de l'opinion personnelle de M. Truchet. Quoi qu'il en soit, ce renvoi à son propre livre rend l'omission de celui de

138

fait. Car cet accueil résulte évidemment d'un accord intime entre la sottise de l'auteur du *Sur Racine* et celle d'une grande partie de l'*intelligentsia* contemporaine. L'extraordinaire succès d'un livre aussi stupide que le *Sur Racine* traduit le désordre qui règne actuellement dans les idées sur la littérature et la critique, et, plus généralement, sur tout ce qui relève des « sciences humaines » ; il trahit le dérèglement,

Raymond Picard encore plus indécente. Il convient de se rappeler, en effet, qu'en 1978 Raymond Picard était mort depuis trois ans, alors que Roland Barthes était encore en vie et enseignait depuis l'année précédente au Collège de France. Je ne veux point faire un procès d'intention à M. Truchet et dire que, si Raymond Picard n'a pas été cité, c'est parce qu'il était mort. Je ne puis, pourtant, m'empêcher de penser que, s'il avait été vivant, il aurait été cité. (A vrai dire, s'il avait été encore vivant, c'est très probablement lui qui aurait établi cette bibliographie. Mais, justement, c'était encore une raison de plus pour éviter de l'oublier.) La façon dont M. Truchet recommande aux étudiants d'éviter « toute attitude sectaire (pour ou contre) », appelle aussi quelques remarques. Dans cette formule, c'est évidemment la parenthèse qui constitue l'élément capital. En effet, si M. Truchet s'était contenté de dire qu'il fallait éviter toute attitude sectaire, la recommandation aurait paru tout à fait superflue. Ce qu'il lui importe de dire, c'est qu'il faut, à son exemple, éviter d'être nettement pour ou nettement contre. C'est le seul moyen, selon lui, d'éviter d'être sectaire. Mais c'est une chose de ne pas être sectaire, et c'en est une autre de n'être vraiment ni pour ni contre tel livre ou telle théorie. Bien sûr, dans certains cas, et sans doute même assez souvent, les deux attitudes peuvent n'en faire qu'une. Mais ce n'est pas du tout une règle générale. On peut souvent être tout à fait contre ou tout à fait pour un livre ou une théorie et être cependant tout à fait objectif. Et, précisément, quand il s'agit de la « nouvelle critique » racinienne, ce n'est pas être sectaire que d'être résolument contre, c'est seulement être lucide. Mais il est bien commode d'assimiler à une attitude sectaire toute prise de position vraiment tranchée : cela évite d'avoir à se donner la peine de regarder les choses de près et de risquer aussi de heurter les uns ou les autres. Cette attitude est malheureusement assez répandue dans l'Université où l'asthénie intellectuelle et la crainte de nuire à sa carrière, se parent volontiers du masque du libéralisme et de l'ouverture d'esprit.

Est-il besoin de le dire ? le livre de Raymond Picard et, d'une manière plus générale, tous les écrits vraiment critiques à l'égard de Roland Barthes sont le plus souvent passés sous silence dans les bibliographies établies par ses admirateurs. Ainsi la bibliographie du numéro que la revue *Tel Quel* lui a consacré (n° 47, automne 1971), ne signale sur Roland Barthes que quelques articles très amicaux. Mais c'est tout de même bien gênant, et contraire à tous les usages, de ne citer dans une bibliographie que les ouvrages ou les articles favorables à un auteur, en omettant tous ceux qui sont hostiles ou seulement réservés. C'était encore bien plus grave pour l'auteur du *Roland Barthes par Roland Barthes*, qui, pourtant, était bien obligé, pour se conformer aux normes de la collection « Écrivains de toujours », de proposer une bibliographie barthésienne. Il s'en est tiré en réduisant la partie critique de la bibliographie aux « Ouvrages et numéros de revue consacrés à Roland Barthes » (voir p. 187). Cela lui permettait de ne citer ni le livre de Raymond Picard, dont la première moitié seulement lui était consacrée, ni le livre de M. Georges Mounin, *Introduction à la sémiologie*, dont un chapitre seulement lui était consacré, ni l'article de Jean Pommier, « Baudelaire et Michelet devant la jeune critique », ni celui de M. Jean Molino, « Sur la méthode de Barthes », publiés dans des numéros de revues qui ne lui étaient pas consacrés. S'il était peu glorieux, le procédé était habile. Aussi a-t-il été repris par d'autres jobarthiens, notamment par M. J.B. Fages (*op. cit.*, p. 227), par l'auteur de la bibliographie publiée à la fin du recueil posthume *Le Grain de la voix* (p. 344), et par M. Thierry Leguay dans le numéro de *Communications* consacré à Barthes (n° 36, 1982, p. 172-173). Mais cet hypocrite procédé ne saurait expliquer l'omission, dans ces le délabrement, la déliquescence intellectuelle qui hélas ! prévalent si largement aujourd'hui dans le monde de la culture. Avec sa tête qui « s'embrouille », Roland Barthes n'aurait jamais pu acquérir la réputation d'être une des plus « grosses têtes » de son temps, si ce temps n'avait élevé tant de têtes déglinguées et bringuebalantes à la dignité de « têtes pensantes ». Le scandale que constituent le succès du *Sur Racine* et, plus généralement, l'audience de Roland Barthes, n'est qu'une manifestation, particulièrement marquante sans doute, d'un scandale beaucoup plus vaste. Si j'ai mis à souligner la sottise du *Sur Racine* une insistance qui peut, je le sais, étonner certains lecteurs, c'est que j'ai voulu, sur un exemple particulièrement significatif, dénoncer, avec la plus grande vigueur possible, la faribolite galopante de tous les barbacoles abscons et les aliborons inénarrables que la jobardise snobinarde de notre temps a regardés comme des phares. Je crois, j'espère, avoir été dans ce livre aussi discourtois qu'on peut l'être. Mais ce n'est pas le moment d'être courtois, quand le snobisme est aussi suffisant ; ce n'est pas le moment de prendre des gants, quand la sottise est aussi arrogante ; ce n'est pas le moment de se montrer amène, quand la sornette est reine. En m'attaquant à Roland Barthes, j'ai voulu lancer un pavé dans la principale vitrine française des marchands de foutaises structuralo-freudiennes.

Mais, je le crains, la vigueur du vocabulaire que j'ai employé et qui risque de paraître hyperbolique, tant on a perdu l'habitude d'appeler les sottises par leur nom, risque de donner lieu à des malentendus. C'est pourquoi je tiens, en terminant, à revenir sur ce que j'ai déjà dit dans mon Avant-

trois bibliographies, du livre de MM. Burnier et Rambaud, *Le Roland Barthes sans peine*, puisqu'il est entièrement consacré à Roland Barthes. Notons que les jobarthiens étrangers semblent être plus honnêtes que les jobarthiens français : ainsi M. Steffen Nordal Lund cite, dans sa bibliographie, les livres de Raymond Picard et de M. Mounin ; quant à M. Guy de Mallac et Mme Margaret Eberbach, ils citent non seulement ces deux livres, mais aussi les articles de Jean Pommier et de M. Molino.

propos. L'irritation, l'indignation même, que m'inspirent les écrits de Roland Barthes et le crédit dont ils jouissent, et, d'une manière plus générale, la faribolâtrie contemporaine, sont purement intellectuelles. Roland Barthes, que les branlotins prennent pour un ébranleur, n'est pour moi qu'un aliboron. Roland Barthes n'est point pour moi le diable : je ne lui reproche que de ressembler comme un frère à ce connard inénarrable que lui-même a si bien décrit dans le *Roland Barthes par Roland Barthes*. Les âneries du *Sur Racine*, comme toutes les âneries que Roland Barthes a écrites, comme enfin toutes les âneries du même acabit, n'ont, à mes yeux, que le tort d'être des âneries : je reconnais bien volontiers qu'elles ne font de mal à personne. Certes, on est tenté de se dire que c'est encore heureux. Mais, quand on pense à tous les hommes qui, au cours des siècles, ont été persécutés, torturés ou tués, au nom de croyances ou d'idéologies diverses, quand on pense à tous ceux qui le sont encore, comment ne pas regretter que toutes les sornettes ne soient pas aussi inoffensives que celles de Roland Barthes et de ses pareils ?

J'en suis tout à fait conscient, à côté des scandales majeurs de notre temps que constituent l'existence de tant de régimes totalitaires et l'énormité des dépenses que les États consacrent à leurs armements, quand une grande partie de l'humanité souffre de la famine, le scandale que constitue l'immense succès des sornettelettes, des baliverniculettes et des fariboleroles de Roland Barthes, peut sembler secondaire et sans doute l'est-il en effet. Mais ce n'est pas une raison pour ne pas s'y attaquer. Au contraire, si on se sent totalement impuissant devant les grands scandales que je viens d'évoquer et qui sont tellement criants qu'on se dit hélas ! qu'il ne sert à rien de crier, quand le scandale n'est qu'une affaire d'opinion, quand il ne consiste que dans le fait qu'on fait fête à des foutaises et qu'on s'extasie devant des sottises, même si, par malheur, on ne convainc personne, on atténue déjà un peu le scandale par le seul fait qu'on le dénonce.

Certes, ce n'est pas un crime, quand elles sont inoffensives, d'ajouter quelques foutaises de plus à l'immense montagne de foutaises que les cervelles humaines n'ont cessé d'enfanter. C'est tout de même une chose bien fâcheuse de voir des intellectuels passer toute leur vie à écrire des sottises, et ce qui est encore bien plus affligeant, c'est de voir ces sottises sans cesse encensées dans la presse et sur les ondes et enseignées dans les lycées comme dans les universités. Nous approchons de la fin d'un siècle qui hélas ! aura été particulièrement fertile en fariboles. Profitons des quelques annnées qui nous restent avant d'entrer dans un nouveau siècle et un nouveau millénaire, pour procéder à un grand nettoyage intellectuel. Assez de sornettes ! Remballons toutes ces baliverns et toutes ces fariboles qui ne sont bonnes qu'à ridiculiser notre pauvre espèce. On connaît ces lignes éloquentes, où, à la fin des *Voix du silence*, Malraux évoquant Rembrandt en train de dessiner, imagine que « toutes les Ombres illustres, et celles des dessinateurs des cavernes, suivent du regard la main hésitante qui prépare leur nouvelle survie ou leur nouveau sommeil ». Pour ma part, quand je lis du Roland Barthes ou d'autres faribolologiens, il m'arrive de penser à tous ces hommes préhistoriques qui ont tant peiné pour assurer la survie de notre espèce et qui ont eu tant de mérite à ne pas tous se suicider, car enfin ce ne devait pas être bien tonique d'être préhistorique. J'imagine parfois l'Ombre de l'homme de Cromagnon lisant par-dessus l'épaule de Roland Barthes, lorsqu'il écrivait ses baliverns, et je me dis alors que tous les mots si discourtois que j'ai employés dans ce livre, seraient sans doute encore trop faibles pour exprimer toute la sourde, mais intense colère de notre lointain ancêtre à l'idée d'avoir fait souche d'aliborons aussi grotesques.

Bibliographie analytique

Cette bibliographie comporte les ouvrages cités ou utilisés dans la présente étude et dans la thèse dactylographiée — à l'exclusion des œuvres littéraires anciennes ou modernes — ainsi que des comptes rendus et des articles de journaux ou d'hebdomadaires.

I. Racine et la tragédie classique

1. *Etudes sur la tragédie classique :*

Knight (Roy C.) : « Les Dieux païens dans la tragédie française », in *R.H.L.F.*, 1964 (p. 414 sq.).
Schérer (Jacques) : *La Dramaturgie classique en France,* Nizet, 1962.
Truchet (Jacques) : *La Tragédie classique en France,* Presses Universitaires de France, 1976.

2. *Editions de Racine :*

Picard (Raymond) : *Œuvres complètes,* t. I, Théâtre, Poésies, Bibliothèque de la Pléiade, 1950.
Picard (Raymond) : *Œuvres complètes,* t. II, Correspondance, etc., éd. cit., 1952.
Morel (Jacques) et Viala (Alain) : *Théâtre complet,* Classiques Garnier, 1980. Cette édition, dont l'annotation est extrêmement succinte, comprend, en revanche, un dossier « Racine aujourd'hui » dû à M. Viala. La première partie est consacrée à « Racine et la critique moderne ». Ce n'est hélas ! qu'une hâtive revue des principaux travaux, dépourvue de tout intérêt. M. Viala y fait, bien sûr, « une place particulière aux analyses de R. Barthes » (p. 775). Mais il se contente d'en résumer ou d'en citer très rapidement quelques-unes, en s'abstenant de se poser la moindre question.
Collinet (Jean-Pierre) : *Théâtre complet,* t. I et II, Gallimard (Folio), 1982 et 1983.

On trouvera dans cette excellente édition une riche bibliographie des travaux en langue française parus depuis 1950.

3. *Etudes générales sur la tragédie racinienne* :

Adam (Antoine) : *Histoire de la littérature française au dix-septième siècle,* t. IV, ch. 6, Domat, 1954.

Backès (Jean-Louis) : *Racine,* Seuil (Ecrivains de toujours), 1981.

Barko (Ivan P.) : « La Symbolique de Racine : Essai d'interprétation des images de lumière et de ténèbres dans la vision tragique de Racine », in *R.S.H.,* juillet-août 1964.

Barthes (Roland) : *Sur Racine,* Seuil, 1963.

Baudoin (Charles) : *Jean Racine, l'enfant du désert,* Plon, 1963.

Bénichou (Paul) : « Racine », in *Morales du Grand Siècle,* Gallimard, 1948.

Blum (Marcelle) : *Le Thème symbolique dans le théâtre de Racine. Du psychologique au divin,* Nizet, 1962.
  Le Thème symbolique dans le théâtre de Racine. Le divin préparé par les Thèmes de la famille, de la Raison d'Etat, de la Diplomatie, Nizet, 1965.

Borgal (Clément) : *Racine,* Editions Universitaires (Classiques du XXe siècle), 1974.

Brisson (Pierre) : *Les Deux Visages de Racine,* Gallimard, 1944.

Butler (Philip) : *Classicisme et baroque dans l'œuvre de Racine,* Nizet, 1959.

Butor (Michel) : « Racine et les dieux », in *Répertoire,* Editions de Minuit, 1970.

Delcroix (Maurice) : *Le Sacré dans les tragédies profanes de Racine,* Nizet, 1970.

Descotes (Maurice) : *Les Grands Rôles du théâtre de Jean Racine,* Presses Universitaires de France, 1957.

Eigeldinger (Marc) : *La Mythologie solaire dans l'œuvre de Racine,* Droz, 1970.

Faguet (Emile) : « Racine », in *Le Dix-septième Siècle,* Lecène et Oudin, 1885.

Freeman (B.C.) et Batson (A.) : *Concordance du théâtre et des poésies de Jean Racine,* Cornell University Press, 1968.

Goldmann (Lucien) : *Le Dieu caché. Etude sur la vision tragique dans les Pensées de Pascal et dans le théâtre de Racine,* Gallimard, 1956.
  Racine, L'Arche, 1970

Hubert (J.D.) : *Essai d'exégèse racinienne. Les secrets témoins,* Nizet, 1956.

Jasinski (René) : *Vers le vrai Racine,* A. Colin, 1958.

Knight (Roy C.) : *Racine et la Grèce,* Nizet, 1974 (2eme édition).

Le Bidois (Georges) : *La Vie dans les tragédies de Racine,* De Gigord, 1929.

Lemaître (Jules) : *Jean Racine,* Calmann-Lévy, s.d.

Masson-Forestier (Alfred) : *Autour d'un Racine ignoré,* Mercure de France, 1910.

Mauriac (Jean) : *La Vie de Jean Racine,* Plon, 1928.

Mauron (Charles) : *L'Inconscient dans la vie et l'œuvre de Jean Racine,* Ophrys, 1957.

Mercanton (Jacques) : *Racine,* Desclée de Brouwer (Les écrivains devant Dieu), 1966.

Moreau (Pierre) : *Racine,* Hatier (Connaissance des lettres), 1956, (1ere éd., Boyvin, 1943).

Mourgues (Odette de) : *Autonomie de Racine,* Corti, 1967.

Niderst (Alain) : *Les Tragédies de Racine. Diversité et unité,* Nizet, 1975.
  Racine et la tragédie classique, Presses Universitaires de France (Que sais-je ?, n° 1753), 1978.

Picard (Raymond) : *La Carrière de Jean Racine. Le génie et l'ambition,* Gallimard, 1956.
  Racine polémiste, J.J. Pauvert, 1967.

144

« Les Tragédies de Racine : comique ou tragique ? », in *R.H.L.F.*, mai-
août 1969.

Nouveau corpus racinianum, édition cumulative, Ed. du C.N.R.S., 1976.

Pommier (Jean) : *Aspects de Racine*, Nizet, 1954.

Racine (Louis) : *Mémoires sur la vie de Jean Racine*, in éd. Picard, tome I.

Schérer (Jacques) : *Racine et / ou la cérémonie*, Presses Universitaires de France, 1982.

Segond (Jean) : *La Psychologie de Jean Racine*, Les Belles-Lettres, 1940.

Sellier (Philippe) : « Le Jansénisme des tragédies de Racine : réalité ou illusion ? », in
Cahiers de l'Association internationale des Etudes françaises, n° 31, mai 1979.

Starobinski (Jean) : « Racine et la poétique du regard », in *L'Œil vivant*, Gallimard,
1961.

4. *Etudes particulières de certaines tragédies :*

Edwards (Michaël) : *La Thébaïde de Racine*, Nizet, 1965.

Bénichou (Paul) : « Andromaque captive, puis reine », in *L'Ecrivain et ses travaux*,
Corti, 1967.

Faurisson (Robert) : éd. d'*Andromaque*, avec livret complémentaire, Classiques
illustrés Hachette, 1968.

Knight (Roy C.) et Barnwell (Harry T.) : éd. d'*Andromaque*, Textes Littéraires
Français, Droz, 1977.

Adereth (M.) : éd. de *Britannicus*, Editions sociales (Les Classiques du peuple), 1970.

Doubrovsky (Serge) : « L'Arrivée de Junie dans *Britannicus* », in *Littérature*, n° 32,
déc. 1978.

Kuentz (Pierre) : « Lecture d'un fragment de *Britannicus* », in *Langue française*,
n° 7, septembre 1970.

Lanson (Gustave) : éd. de *Britannicus*, Classiques Hachette, 1888.

Miquel (Jean-Pierre) : « A propos d'une mise en scène de *Britannicus* », in *Cahiers
de l'Association internationale des Etudes françaises*, n° 31, mai 1979.

Schérer (Jacques) et six étudiants : *Bérénice*, édition avec analyse dramaturgique,
S.E.D.E.S., 1974.

Shérer (Jacques) : *Bajazet*, C.D.U. (Les cours de Sorbonne), 1956.

Vier (Jacques) : *Iphigénie de Racine*, Foucher (Expliquez-moi...), s.d.

Bénichou (Paul) : « Hippolyte requis d'amour et calomnié », in *L'Ecrivain et ses
travaux*, éd. cit.

Maulnier (Thierry) : *Lecture de Phèdre*, édition augmentée 1967 (1ere éd. 1943).

Mauron (Charles) : *Phèdre*, Corti, 1968.

Naneix (Louis-Edouard) : *Phèdre l'incomprise. Essai de critique directe*, La Pensée
universelle, 1977.

Salles (Jean) : éd. de *Phèdre*, Classiques Bordas, 1964.

5. *Etudes sur la critique racinienne :*

Bonzon (A.) : *La Nouvelle Critique et Racine*, Nizet, 1970.

Delcroix (Maurice) : « Regards sur la critique racinienne », in *Cahiers de l'Association internationale des Etudes françaises*, n° 31, mai 1979.

Descotes (Maurice) : *Racine*, Ducros (Tels qu'en eux-mêmes), 1969.

Goldmann (Lucien) : *Situation de la critique racinienne*. L'Arche, 1971. Malgré
le titre, seul le dernier chapitre du livre (« Des diverses perspectives de la

critique racinienne ») traite de la critique racinienne. Pour le reste, Goldmann ne fait que reprendre, comme il l'avait déjà fait dans son *Racine*, les analyses du *Dieu caché.*

Picard (Raymond) : « Etat présent des études raciniennes », in *L'Information littéraire,* mai-juin 1956.

Roubine (Jacques) : *Lectures de Racine,* A. Colin, 1971.

Actes du 2ᵉᵐᵉ colloque de Marseille, Marseille, 1973. Ce colloque, organisé par le Centre Méridional de Rencontres sur le XVIIᵉ siècle, avait pour thème « Etat présent de quelques travaux concernant le XVIIᵉ siècle » et la première partie, présidée par Raymond Picard, était consacrée à Racine (communications de Jacques Morel, Jean Molino, Maurice Delcroix, Roger Zuber).

II. Roland Barthes et la « Nouvelle critique »

1. *Ouvrages de Roland Barthes :*

Michelet par lui-même, Seuil (Ecrivains de toujours), 1954.
Mythologies, Seuil, 1957.
Essais critiques, Seuil, 1957.
Critique et vérité, Seuil, 1966.
S/Z, Seuil, 1970
Le Plaisir du texte, Seuil, 1973.
Roland Barthes par Roland Barthes, Seuil, (Ecrivains de toujours), 1975.
Fragments d'un discours amoureux, Seuil, 1977.
Leçon, Seuil, 1978.
Le Grain de la voix : Entretiens 1962-1980, Seuil, 1981.

2. *Autres ouvrages inspirés par la « nouvelle critique » :*

Cohen (Jean) : *Structure du langage poétique,* Flammarion, 1966.
Georgin (Robert) : *La Structure et le style,* L'Age d'homme, 1975. Cet ouvrage insensé renferme notamment un « Essai sur *Phèdre* » qui constitue sans doute le texte le plus délirant jamais écrit sur Racine.
Goldmann (Lucien) : *Op. cit.*
Mauron (Charles) : *Op. cit.*
  Des Métaphores obsédantes au mythe personnel, Corti, 1962.
  Psychocritique du genre comique, Corti, 1964.
Richard (Jean-Pierre) : *Microlectures,* Seuil, 1975.
Weber (Jean-Paul) : *Genèse de l'œuvre poétique,* Gallimard, 1960.

3. *Etudes sur Roland Barthes :*

Burnier (Michel-Antoine) et Rambaud (Patrick) : *Le « Roland-Barthes » sans peine,* Balland, 1978.

146

Calvet (Louis-Jean) : *Roland Barthes. Un regard politique sur le signe,* Payot (Petite bibliothèque Payot), 1973.

Fages (Jean-Baptiste) : *Comprendre Barthes,* Privat, (Pensée), 1979.

Heath (Stephen) : *Vertige du déplacement : lecture de Barthes,* Fayard (Digraphe), 1974.

Mallac (Guy de) et Eberbach (Margaret) : *Barthes,* Éditions Universitaires (Psychothèque), 1971.

Molino (Jean) : « Sur la méthode de Roland Barthes », in *La Linguistique,* 1969, n° 2.

Mounin (Georges) : « La Sémiologie de Roland Barthes », in *Introduction à la sémiologie,* Éditions de Minuit, 1974.

Nordahl Lund (Steffen) : *L'Aventure du signifiant. Une lecture de Barthes,* Presses Universitaires de France (Croisées), 1981.

Picard (Raymond) : « Racine et la « nouvelle critique » », in *R.S.H.,* janvier-mars 1965 (repris dans *Nouvelle Critique ou nouvelle imposture*).

Pommier (Jean) : « Baudelaire et Michelet devant la jeune critique », in *R.H.L.F.,* octobre-décembre 1957.

Sontag (Susan) : *L'Écriture même : à propos de Barthes,* Christian Bourgois, 1982.

Prétexte : Roland Barthes, Actes du Colloque de Cerisy (22-29 juin 1977), Union Générale d'Éditions (10/18), 1978.

Roland Barthes, numéro spécial de *Tel Quel,* automne 1971, n° 47.

Roland Barthes, numéro spécial du *Magazine littéraire,* février 1975, n° 97.

Roland Barthes, numéro spécial de *Poétique,* septembre, 1981, n° 47.

Roland Barthes, numéro spécial de *Communications,* 1982, n° 36.

Roland Barthes, numéro spécial de *Critique,* août-septembre 1982, n° 423-424.

Roland Barthes, numéro spécial de *Textuel,* 1984, n° 15.

Sartre/Barthes, numéro spécial de la *Revue d'Esthétique,* 1981, nouvelle série n° 2.

4. *Études sur la « nouvelle critique »* :

Delbouille (Paul) : « Sens littéral et interprétations symboliques. A propos des débats sur la nouvelle critique », in *Cahiers d'analyse textuelle,* n° 8, 1966.

Doubrovsky (Serge) : *Pourquoi la nouvelle critique ? Critique et objectivité,* Mercure de France, 1972.

Jones (Robert-Emmet) : *Panorama de la nouvelle critique en France,* S.E.D.E.S., 1968.

Picard (Raymond) : *Nouvelle Critique ou nouvelle imposture,* J.J. Pauvert, 1965.

Pommier (Jean) : « La Querelle », in *R.H.L.F.,* janvier-mars 1967.

Richard (Jean-Pierre) : « Quelques aspects nouveaux de la critique littéraire en France », in *Le Français dans le monde,* mars 1963.

Van Rossum Guyon (Thérèse) : « Nouvelle Critique, ancienne querelle », in *Cahiers du Sud,* n° 387-388.

5. *Ouvrages généraux sur la critique et la littérature* :

Alain : *Vingt Leçons sur les Beaux-Arts,* Gallimard, 1933.

Barbéris (Pierre) : *Le Prince et le marchand. Idéologiques : la littérature, l'histoire,* Fayard, 1980. Pris à partie par M. Barbéris dans ce livre, je lui ai répondu dans *Un Marchand de salades qui se prend pour un prince.*

Benda (Julien) : *La France byzantine,* Union Générale d'Editions (10/18), 1970 (1ere éd. Gallimard 1945).

Brunel (Pierre), Madelénat (Daniel), Gliksohn (Jean-Michel), Couty (Daniel) : *La Critique littéraire,* Presses Universitaires de France (Que sais-je ?, n° 664), 1977.

Fayolle (Roger) : *La critique,* A. Colin (Collection U), nouvelle édition 1978 (1ere éd. 1964). La conclusion a été remplacée dans la nouvelle édition par un chapitre consacré aux « Discours critiques d'aujourd'hui sur les textes littéraires » fort bien informé (ce livre constitue un excellent manuel), mais où l'esprit critique n'apparaît guère.

Laurent (Jacques) : *Roman du roman,* Gallimard (Idées), 1977.

Rousset (Jean) : *La Littérature de l'âge baroque en France,* Corti, 1960.

Valéry (Paul) : *Variété,* in *Œuvres,* Bibliothèque de la Pléiade, t. I, 1968.

TABLE DES MATIERES

Achevé d'imprimer
en janvier 1987
sur les presses
de l'imprimerie Laballery
58500 Clamecy

———————

Dépôt légal : janvier 1987

Editeur n° 126

Imprimé en France

Imprimeur n° : 612041